# 中国「草食セレブ」はなぜ日本が好きか

袁静

JN143506

日経プレミアシリーズ

# プロローグ

# 「日本で牛乳を飲む理由」

## プチプチで何重にも

「日本のホテルに電動歯ブラシを置いてきちゃったんだよ。こっちは完全に忘れていたのに、すぐ中国まで送ってくれて。しかも、途中で壊れないよう、プチプチで何重にも包装してあるの。なんなの、これ？　感動したよ」

「旅館の部屋にブレスレットとシュシュを忘れたら、頼んでもいないのに、わざわざ中国まで送ってくれた。ていねいなお手紙と粗品までつけられていたの。送料を向こうで負担してくれたうえに、プレゼント付きだよ。日本サイコー！」

中国のネット空間は、日本社会への賛辞で満ちています。日本を旅行した中国人は、もう100パーセントといっていいぐらい、日本ファンになって帰っていく。

私は2009年から、日本への個人旅行に特化した『道中人』『南国風』『行楽』などの雑誌を中国で発行してきました（最近、紙媒体はムックをメインにし、ウェブでの発信に重心をうつしています）。日本の官公庁や企業に対しては、インバウンドに関するコンサルティングもおこなっています。

そんな私としては「日本のインバウンドビジネスにはこういう視点が足りない」というネタが欲しいのです。訪日中国人が何を不満に感じているかが知りたい。ところが、必死で悪口をさがすのに、なかなか見つかりません。

特にサービス面には大満足のようです。ただ忘れ物を返送するだけじゃない。「プチプチで何重にも」という細かな気配りに感激する。

ほかにも、たくさん投稿があります。隣の部屋が騒がしいとクレームをつけたら、お詫びの手紙とクーポン券が送られてきた。温泉の中で石鹸を使った外国人客がいて、お湯が汚れてしまったケースでは、宿泊費を半額にしてくれた……。

彼らはその土地を再訪したら、きっと同じホテルを選ぶはずです。日本人客相手にここまでやることはないでしょうから、おそらく中国人の口コミ効果はバカにならないと、宿泊施設が学習してきたのだと思います。

## 意外なヒット商品「牛乳」

そのなかでひとつ、少し変わった報告がありました。

コンビニで買った牛乳をすべて飲み干さないまま、宿のテーブルの上に置いて外出してしまった。夜に戻ると、わざわざ部屋までミニ冷蔵庫を運んでくれ、牛乳パックがその中で冷やされていたと。ここまでされたら、誰だって感激します。証拠写真として、小さな冷蔵庫の写真がアップされていました。

でも、この話を日本人の友人にすると、こんな反応が返ってきたのです。

「でもさあ、この人、どうして旅先で牛乳を飲んでいるの？　子供はともかく、日本人の大人は牛乳をあまり飲まないよ。少なくとも、旅先で買ってまで飲まない。宿の部屋にもちこむとしたら、ミネラルウォーターかビールでしょう」

私自身、そう指摘されるまで、日本に来たら牛乳を飲むのが当たり前だと思いこんでいました。なんの疑問もいだいていなかった。『行楽』アカウントでも日本の牛乳特集をやったぐらいで、中国人には非常に人気がある。

ローソンは2017年1月からモバイル決済サービス「アリペイ（支付宝）」が使えるようにするなど、中国人インバウンド対策を進めています。訪日中国人がアリペイで買った商品のランキングを見ても、牛乳人気は明らかです。

２０１７年の春節期間を見ると、１位が２００ミリリットルの牛乳、２位が５００ミリリットルの牛乳でした。２０１８年の春節期間も、２位が２００ミリリットルの牛乳、５位が５００ミリリットルの牛乳です。

ちなみにローソンは２０１７年10月からマチカフェに「ホットミルク」を追加しましたが、冷たい飲み物を避ける中国人を意識したアイデアだと推察します。

## 飲まなきゃ損でしょ

では、どうして中国人は日本で必ず牛乳を買うのでしょうか?

『行楽』読者に「どうして日本で牛乳を飲むのですか?」と質問してみたのですが、「飲まないほうがおかしいでしょう。なんで理由を聞く必要があるの?」という反応が大半でした。もう理由を考える以前の問題だと。

やはり日本の牛乳は濃厚でおいしいのです。「これを飲んでしまうと、中国の牛乳が水みたいに感じる」「牛乳嫌いだった5歳の息子が、日本では牛乳を飲みたがるのでビックリした」といった記事が、ネット上にあふれています。

味の問題だけでなく、安全性の問題もあります。中国では10年前、化学物質メラミンが粉ミルクに混入した事件がありました。牛乳というのは、いわば「食の安心・安全」問題を象徴する存在なのです。まだまだ国産品を信用しきれない。「健康のために、牛乳はなるべく飲まないようにしている」という人もいるぐらいなのです。

子供に安全なものをあたえたい中国のママたちは、オランダやドイツで生産された輸入牛乳を飲ませています。1リットルで200円ぐらいするのですが、仕方がない。私も中国に住んでいた時代は、子供に輸入牛乳しか飲ませませんでした。

最近は明治ホールディングスが中国で生産をおこなっており、より新鮮な牛乳を飲ませたいママたちは、こちらを選びます。国産であっても、日本メーカーのものなら絶対に大丈夫という信頼性がある。

章扉の写真は中国のスーパーの牛乳売り場ですが、ヨーロッパ製や明治牛乳がはばをきかせている。高くても、こうした牛乳に人気があるのです。

ただ、この明治牛乳は950ミリリットルで27・5元（1元＝16円で計算して約440円）もします。日本で明治「おいしい牛乳」900ミリリットルは250円程度ですから、それに比べるとかなり高い。中国では安いミネラルウォーターなら2リットル4元（約64円）で買えますから、7倍ぐらいするわけです。

こんなに高いと、さすがに毎日は飲めない。よっぽどの大富豪でもないかぎり、日本人が飲む感覚で気前よく飲むわけにいきません。

そういう人たちが日本に来ると、牛乳が異常に安く感じられる。ミネラルウォーターと変わらない値段で買えるなんて信じられない。中国にいたときと違って、お金を気にせずガバガバ飲んでもかまわない。

だから、みんながみんな「日本に来て牛乳を飲まないなんて、ありえない」という発想になるわけです。これがコンビニでも牛乳がナンバーワン商品になった理由でしょう。

## 牧場は○、まきばは×

私が逆に中国の読者から教えられたこともありました。

「いま東京に住んでいるんでしょ？　だったら、JR秋葉原駅の5番線ホームにミルクスタンドがあるから、ぜひ行ってみて」

秋葉原駅のホームにあるミルクスタンドは、訪日中国人の隠れた人気スポット？

牛乳専門のスタンドで、ものすごい品ぞろえです。たしかに、日本でもこんな場所はほかにないと思います。

中国に帰ると、いまさらながら豆乳の種類の多さに驚きます。でも、牛乳の種類は少ない。日本は普通の牛乳のブランドが多いだけでなく、コーヒー牛乳とかイチゴ牛乳とかフルーツ牛乳とか、さまざまな種類がある。それらが一堂に会しているわけですから、テンションが上がるのもよくわかります。

いずれにせよ、こんなところにまで訪日中国人のチェックはおよんでいるのかと、正直、驚きました。『行楽』読者は日本を何度もおとずれるディープなファンが多いので、中国人全般を代表するわけではないのですが、少なくともここでは「低温殺菌」というキーワードも、ごくごく普通に使われていますます（中国ではまだあまり見かけない単語です）。

「どんな牛乳ブランドが好き？」とアンケートをとると、やっぱりもっとも強いのは、中国でも作られている明治でした。あとは北海道、軽井沢、十勝、高千穂、阿蘇、黒川温泉、神戸六甲山など、中国人が好きな観光地の名前がならびます。

私も飲んだことのない牛乳が多かったのですが、ポイントは「牧場」というキーワードがついていることのようです。牧場と書いてあると、生産地直送のイメージと結びついて、さらに新鮮な感じがする。

ちなみに、日本では誰もが知る老舗《しにせ》ブランドの小岩井が出てこないので、どうしてなのかと不思議に思って調べてみたら、納得しました。小岩井でもこだわりの濃厚乳牛を売っているものの、その名前が「小岩井まきば」。惜しい！　もし「小岩井牧場」と漢字で表記されていたら、きっと訪日中国人が飛びついたはずです。

実は、漢字の問題は大きい。私の母も上海から東京に来たときは、「濃厚」と書いてある牛乳ばかり選びます。「孫には濃厚な牛乳を飲ませるべきだ」と。訪日中国人相手のビジネスでは、漢字で書いてあればイメージは伝わるのです。

## クコやナツメが大好きな若者たち

かつての中国で、牛乳はぜいたく品でした。生産設備もととのっていなかったので、値段も高かった。温家宝首相（2006年当時）が「私にはひとつの夢がある。すべての中国人、まずは子供たちが、毎日500ミリリットルの牛乳を飲めるようになることだ」と語ったぐらいなのです。

では、どうして現在、牛乳ブームになっているかというと、健康のためにカルシウムを摂取することがすすめられているからです。だから子供だけでなく、老人も飲む。日本を旅する若者たちも飲みます。

特に若い世代の健康志向は、ちょっと驚くほどです。八〇後《パーリンホウ》（1980年代生まれ）や九〇後《ジウリンホウ》（1990年代生まれ）の健康や美容に対する意識は、私のような七〇後《チーリンホウ》（1970年代生まれ）よりはるかに高い。

第5章で「どうして中国人は大阪が好きなのか」というテーマを取り上げますが、大阪の大手お好み焼きチェーンが「中国人は夜の早い時間帯に来る。韓国人は夜10時前後に来る。二毛作だ」と語っているのを聞いて、理由がピンときました。中国の若者はダイエットのため、夜遅い時間帯に炭水化物をとらないのです。

彼女たちは早い時間帯にお好み焼き屋に行って、たとえば2〜3人で1枚だけ頼む。SNSにアップする写真を撮ったら、3等分してサッと食べ、10分ぐらいで出ていく。そんな行動をとっているのでしょう。そのあとは飲みながら、軽くつまむぐらいだと思います。お昼はおなかいっぱい食べたとしても、夜はひかえめにする。

20万円ちかくするドイツ製万能調理器具「サーモミックス」を買った人のための料理教室

ポーラの「BAタブレット」というサプリメントが、中国でものすごく人気を呼んでいます。なんでも、体の内側から肌をきれいにするのだそうです。驚くのはその値段。180粒入り（約90日ぶん）を通販サイト「淘宝（タオバオ）」でさがしてみたら、もっとも安いショップで９４０元（約１・5万円）もする。

そんな高いものであっても、健康や美容のためなら日常的に買うのです。20万円ちかくするドイツ製の調理器具も、「料理に使う油の量を減らせる」という理由で、飛ぶように売れています。「中華料理は油っこいのが当たり前。これは仕方ないんだ」なんて考えなくなった。

八〇後九〇後がネット通販で買っている商品を見ても、この傾向は明らかです。ナッツ類はもちろん、クコとかナツメとか、中国でも「おじいちゃん、おばあちゃんが食べるもの」というイメージしかない食品に人気がある。

日本製品でも「大麦若葉」「青汁」「養命酒」「生酵素」といった健康食品が大好き。日本に来たときは買って帰りますし、越境ＥＣでも買っている。日本では中高年が飲むイメージではないでしょうか。ところが、中国では若者が買っているのです（中国の中高年は、そうした商品が存在すること自体を知りません）。

正直、私としても「まだ若いのに、どうしてここまで健康にこだわるの？」と首をかしげるぐらいです。いままでいなかったタイプの中国人が登場している。

## なぜ八〇後九〇後に注目するのか

デジタルネイティブだったり、上昇志向が弱かったり、海外旅行慣れしていたり、借金してまで消費したり……。健康志向以外にも、八〇後九〇後には、これまでの中国人にない特徴がたくさん見られます。

改革開放時代しか知らない八〇後が登場したとき、中国でも、まるで新人類があらわれたかのような騒がれ方をしました。でも、九〇後はそんなレベルではありません。もう宇宙人と呼んでいいぐらい、これまでの中国人と違う。

中国人といえば、エネルギッシュでアグレッシブ。そんな印象をおもちの方も多いでしょう。日本生活が長い私自身、そんなイメージをもっています。ところが、九〇後は「仏《フォー》系《シー》」と呼ばれており、日本でいう「草食系男子」にちかい。人と争うぐらいだったら、自分の世界に閉じこもる。これまでいなかったタイプです。

前作『日本人は知らない中国セレブ消費』では、地域による違いに焦点をあてました。中国は広く、民族・文化も多様で、生まれ育った場所によって「同じ中国人とは思えない」人がいる点を分析した。いわばヨコ軸で中国社会を切り取ったわけです。

今回の本では、世代による違いに焦点をあてます。2019年に、八〇後は全員が30代になり、九〇後は全員が20代になる。いまの20代~30代は、私からしても「同じ中国人とは思えない」部分が少なくない。だから今回はタテ軸で切り取る。

もちろん、今回の本も、日本のインバウンドビジネスの参考になるように書いています。インバウンドという文脈で見たとき、八〇後九〇後は、訪日中国人の半分を占めるうえ、全世代のなかでもっともお金をつかう世代なのです。これが、八〇後九〇後にスポットライトをあてる理由です。

中国企業が国内のマーケティングをするとき、八〇後九〇後の消費動向をまずは考える。日本ではお金をもっている高齢者のマーケティングが盛んですが、向こうではむしろ20代~30代こそ最大のターゲットです。

彼らは仏系と呼ばれるものの、日本の草食系と違って、モノには興味をもっているし、消費も派手にする。ただし、その嗜好が、それ以前の世代とまったく違う。いわば「草食セレブ」とでも呼ぶべき存在なのです。

前作では「プチ富裕層」という言葉を使いました。今回も分析対象はプチ富裕層ですが、そのなかの20代~30代に注目する。彼らこそ、日本のインバウンド関係者がメインターゲットにすべき人々だと考えるからです。

彼らがこれまでの中国人とどう違うのかを説明しながら、日本へ観光客として迎えるためのヒント、日本製品のファンになってもらうためのヒントが提供できればいいな、と考えています。

前作同様、中国社会の変化に興味をおもちの読者にも、目からウロコの内容になっていると思います。中国の若者たちのあいだで、いまどんな価値観の変化が起きているのか？　たっぷり紹介したいと思いますので、お楽しみいただければ幸いです。

目次

プロローグ　日本で牛乳を飲む理由……3

プチプチで何重にも／意外なヒット商品「牛乳」／飲まなきゃ損でしょ
牧場は○、まきばは×／クコやナツメが大好きな若者たち
なぜ八〇後九〇後に注目するのか

第1章　なぜ中国の若者はリッチなのか……25

1000万人にせまる訪日中国人／レクサスで辛抱しておくか
プチ富裕層とは何か／なぜ年に何回も海外旅行できるのか
相続税も贈与税もない／毎月、東京へ遊びにくるOL
沖縄に専属コンシェルジュ／きびしく育てられる富二代
日本文化を守りたい／訪日客の半分以上は20代〜30代
八〇後は衝撃的だった／なぜ世代に名前をつけなかったのか

七〇後は貯める、八〇後は返す、九〇後は？／パスポートってどんなもの？
小籠包屋からコンビニへ／ロレックスはお父さんの腕に
ポルシェのオーナーは30代／日本に家を買うのは子供のためだ
クレヨンしんちゃんみたいな家です／買い物する金額はダントツ
一人で16人ぶんの消費／もっとも化粧品を買うのは20代～30代

第2章 ホトケになった若者たち……69
「996」はブラックなのか？／働く意味のある世代、ない世代
仏男子から仏系へ／アグレッシブじゃない中国人
日本より先に中国で火がついた／他人との競争がいっさいない
インバウンドにつながったのか？／ペット自慢が増えてきた
雲の上で猫を飼う／九〇〇〇歳と八〇後のあいだの深い溝
人の話を鵜呑みにしない／ワンノブゼムの日本を選んだ
文化の香りのするものが好き／もっとも本を読むのが九〇後
なぜ「スラッシュ族」になるのか／簡単に会社を辞める連中だ

ショッピングモールは店員のほうが多い／お金をつかおうよ！
独身の日から我愛你の日まで／花唄はまだ歯止めがきく

第3章　美容整形するなら日本で！……117

「門当戸対」から「有車有房」へ／鳳凰男はなぜ離婚するのか
自社株だけで1600万円／私たちは「阿里人」だ！
残業した人には夕食が無料／なぜ離婚が増えているのか
男性は会社を大きくする、女性は会社を良くする
中国初の卵子凍結ファンド／美顔ソフトなしの撮影はダメ
なんで褒めてくれないの？／バレなくてもいいじゃない
日本は安心・安全なのに激安／韓国よりアドバンテージがある
瀬戸内国際芸術祭のどこに魅力を感じるのか
お金をかけずに楽しませる

第4章　家計の半分は子供のために……155
家計の半分を一人っ子へ／4人の大人を連れてくる
いまも「孟母三遷」している／二人に一人が大学生の時代に
親の期待と現実のギャップ／英検のために地方遠征
習い事が五つも当たり前／習い事だけで100万円以上
サマーキャンプでさらに何十万円／スキー場にはチャンス到来
静かに涙をこぼす子供／子供は騒ぐ生きものなんだ
なぜ小学校ツアーが人気なのか／掃除は「掃除をやる人」がするもの
さすが処女座の日本人だ／高級料理店でデザートしか食べない
お子様ランチにヨーグルトを／ミニテントは自分だけの世界
子供用を作ったから神薬になった／集中力の上がるサプリメント

第5章　インバウンドは大阪に学べ……203
旅行消費の半分を外国人が占める時代／関空はLCCが多い

旅の足がなければ地方には行かない／もっとも日本らしくない都市？
食べ歩きしやすい雰囲気／喧騒が心地いい
大阪にも大媽はいた／上海ガニを復元できるように
民泊が大阪市に集中している理由／なぜ東京と比べるのか
A5ランク和牛は東京と大阪だけ／トイレはふたつ、お風呂はひとつ
民泊オーナーがコンシェルジュ／5000円のメロンはお得
日本は火鍋天国だ／なんで中国には消臭スプレーがないの！
一人飲みの文化が生まれつつある／安心・安全を求めて醤油を買う
人間として信用されている気がする
「信頼の国」というブランドを生かせ

企画・構成　丸本忠之

# 第　1　章

# 「なぜ中国の若者はリッチなのか」

## 1000万人にせまる訪日中国人

海外旅行で日本にやってくる中国人の数は、私の予想をはるかに上まわるペースで増え続けています。日本政府観光局（JNTO）が発表した2019年上半期（1~6月）の訪日中国人数は、11・7パーセント増の453万人。過去最高を更新しました。

中国人観光客と聞くと、1~2月の春節や、10月の国慶節を連想される方が多いと思います。メディアでも、その時期になると中国人観光客の話題を取り上げる。でも、それはイメージにすぎません。月別の訪日数を見ると、1位が8月、2位が7月で、それぞれ全体の1割を超えているのです。

いまや、春節や国慶節の時期は航空チケットが高騰します。だから夏休みを利用して日本に来る人が多い（子供連れで来る人が多いことも、夏休みが使われる理由のひとつです）。実際、2019年7月の訪日中国人数は、史上初めて100万人を突破しました。

つまり、上半期が453万人といっても、下半期はさらに増える可能性が高い。1年間では1000万人の目前までいくのではないでしょうか。

日本を訪問する外国人の数が1000万人の大台を突破したのは、わずか6年前、2013年のことです。それまで長いあいだ、すべての訪日外国人を合わせても600万〜800万人で膠着《こうちゃく》していた。アメリカ人も韓国人もオーストラリア人も中国人も、みんな合わせてそれだけしかいなかったのです。

それが、いまや中国人の数だけで1000万人レベルになった。2009年から中国に向けて日本旅行の情報を発信し続けてきた私としては、隔世《かくせい》の感があります。JNTOは中国内陸部の掘り起こしに力を入れているので、この数は1500万人、2000万人に向かっていくはずです。

## レクサスで辛抱しておくか

最近、日本企業の方々からよく出るのは、こういう質問です。

「ニュースを見ると、中国経済はかつてほど順風満帆に思えない。それなのに、どうして日本に来る中国人は減らないのですか？」

たしかに工場閉鎖やリストラのニュースを中国でも見かけるようになりました。不動産価格もかつてほど天井知らずに上昇していく勢いは見られない。不良債権の話も耳にするようになった。でも、海外旅行に関しては、その影響がダイレクトに出てくるとは限りません。

だから、私はこう答えることにしています。

「中国の自動車販売台数は2019年7月まで13カ月連続で減少しているのに、日本車は絶好調なことをご存じですか？　トヨタの販売台数なんて2019年7月まで17カ月連続で、前年同月の数字を上まわっているんですよ」

中国の富裕層たちも景気の減速を感じていないわけではない。でも、まだまだ余裕があるのです。だから、彼らはこう発想する。

「景気が悪いからポルシェはあきらめて、レクサスで辛抱しておくか」

日本では最高級車であるレクサスも、彼らにとっては次善でしかない。彼らにとって高級車の代名詞はポルシェでありフェラーリでありマセラティなのです。逆にいえば、「中流の国」日本にとって、中国の景気減退は追い風になっている。

これは海外旅行に関してもいえるはずです。これまで夏休みになればヨーロッパの高級リゾート地でバカンスをすごしていた富裕層が、これからは「近場の」日本へ家族連れでやってくる可能性がある。中国の景気減速は、日本のインバウンドビジネスにとって大きなチャンスと考えたほうがいいのです。

日本に1000万人が来たといっても、14億人の人口と比べたら、わずか0・7パーセントにすぎません。逆に、まだまだ伸びる余地があると考えるほうが自然です。

もちろん、パスポートをもっている中国人は1・2億人しかいません。海外旅行を楽しんでいるのは、経済的に恵まれた上位8・5パーセントの人だけなのです。とはいえ、その8・5パーセントの10分の1すら、まだ日本に来ていないわけです。

そう考えると、景気減速だから訪日中国人が減るという展開は、ちょっと想定しづらいことだと思います。

## プチ富裕層とは何か

前作『日本人は知らない中国セレブ消費』に引き続き、この本でも、私たちがターゲットにすえるのは「プチ富裕層」です。私が実感ベースで作った造語なのですが、こんなイメージで考えています。

中国は日本人には想像もつかないほどの格差社会で、資産が1兆円を超える超富裕層までいます。でも、彼らは数が少ないうえに、欧米志向が強い（だから、「レクサスでいいか」という発想になるわけです）。

一方、ミドルクラスの人たちは数が多い。多いと聞いて、日本の感覚で考えてはいけません。彼らの数は、日本の総人口より多いのです。何をもってミドルクラスと考えるかは諸説ありますが、最近よく目にするのは3・5億人という数字です。

彼らは消費能力が高く、日本製品の大ファンでもある。日本を個人旅行するのも、この層です。超富裕層は欧米のブランド一辺倒ですが、ミドルクラスは「中流の国」日本の商品に反応する。

私がプチ富裕層という言葉でイメージしているのは、その3・5億人のうち、上位1億人ぐらいの人たちです。14億人の全員を相手にするのではなく、1億人だけに絞りこんでマーケティングしていく。

経済学者は彼らのことを「中間層」と呼びますが、本人たちとしては違和感がある。中間層が圧倒的にぶあつい日本と違い、彼らは上位10パーセントに入るほど豊かな暮らしをしている人たちだからです。

とはいえ、彼らは「富裕層」と呼ばれることにも、とまどいを感じます。資産1兆円の大富豪に比べたら「自分たちはアリみたいにちっぽけな存在だ」という自覚があるからです。上を見れば、とんでもない上がいる。

そのへんの微妙な感覚をすくいとるために作った言葉が「プチ富裕層」なのです。いま日本を個人旅行している人たちの主流と考えてください。

前作で「日本を個人旅行している中国人の全員が、家政婦を雇っていると考えてもらって間違いではありません」と書いて、けっこう反響がありました。格差社会におけるミドルクラスと、日本のような平等社会におけるミドルクラスを、同じようにイメージしてしまっては本質を見誤る。

ミドルクラスという言葉を聞いたときに日本人がイメージするものより、はるかに豊かな人たちだと考えたほうがいいのです。

## なぜ年に何回も海外旅行できるのか

平均所得だけを比較すると、中国と日本ではまだまだ大きな開きがあります。全体を見ると、日本のほうが圧倒的に豊かなのです。

にもかかわらず、中国のプチ富裕層には、年に何回も家族連れで海外旅行している人が少なくない。そんなことをやっている日本人はそうそういないはずです。では、どうしてそれが可能かというと、やはり不動産バブルの影響が大きい。

かつての中国では、家も土地もすべて国家の所有物でした。そこに「商品住宅」という言葉が登場したのが１９８０年代のなかば。都市によって違いはあるのですが、だいたいこのころ、不動産の「使用権」を売買できるようになった。70年間という期限付きではあるものの、住宅を所有できるようになったのです。

それまで住んでいた住宅は、国から支給されたものでした。当時、そこを百数十万円で買う権利があたえられたのです。それがいまや、上海や北京なら数億円になっている。中心部の一軒家になると、数十億円出さないと買えません。

上海にあるプール付き高級マンション。70平米で１億円を軽く超える

住宅価格の高騰は地方都市でも起きていますから、地方でもマンションを買うのに数千万円は必要です。要するに、１９８０年代に買った値段の１００倍になった。日本の不動産バブルの比ではないのです。

もちろん「買う権利」ですから、買わなかった人もいます。でも、目端《めはし》のきく人は、いろいろやりくりして、このときに何軒もの家を買っている。六〇後《リウリンホウ》（１９６０年代生まれ）より前の世代は、こうやってお金持ちになったわけです。

七〇後はこの「用意ドン！」の時期には間に合いませんでした。とはいえ、住宅価格は現在にいたるまで上がり続けているので、いまと比較すると、ものすごく安い値段で仕入れられた。遅れてスタートしたとはいえ、買値の10倍になるのが当たり前の世界です。これですら日本のバブルより、よっぽどすごい上がり方です。

20年前に5００万円のマンションを買ったら、いまは10倍の5０００万〜6０００万円にはなっている。しかも、目端のきく人は、当時2〜3軒買っていますから、生活に余裕があって当然なのです。

## 相続税も贈与税もない

本書で注目する八〇後や九〇後は、こうした豊かな親から生まれた世代です。中国ではようやく最近、一人暮らしする人があらわれたぐらいで、基本的に結婚するまでは親と一緒に住む。住宅費がかからない。

一人っ子政策が1９７９年に始まっていますから、八〇後も九〇後も基本的に一人っ子です。だから相続争いがありません。親の家は、いずれ自分の家になる。親が2〜3軒もっているなら、生前に1軒だけ贈与してもらってもいい。

中国にはいまのところ相続税や贈与税がないので、バブル時代の日本のように、望みもしない地価高騰のせいで相続税が払えず、泣く泣く先祖代々の家を手放した、なんて事態が起きません。お金持ちはずっとお金持ちのままでいられる。不動産価格は上がれば上がるほどうれしいのです。

しかも、同じ境遇の相手と結婚すれば、親世代の家は2軒、手に入る。これを人に貸してもいいし、片方だけ売れば、もう働かなくてもいいぐらいのお金が入ってくる。もし親が2〜3軒ずつもっていた場合は、もっとすごいことになります。

なんらかの形で不動産バブルの恩恵を受けた人は、たとえ会社の給料が安かったとしても、資産家と呼んでいいほどお金をもっている。そもそも働く必要のない人も少なくないわけですから、給料の多寡《たか》を云々することに意味がない。

所得だけを日本と比較していては、プチ富裕層の豊かさが見えてこないということです。いまは不動産価格の上昇が止まったとはいえ、崩れてはいない。それが大きく崩れないかぎり、彼らの消費マインドが劇的に変化することはないでしょう。

## 毎月、東京へ遊びにくるOL

三つほど、日本ファンのプチ富裕層の具体例を紹介しましょう。不動産バブルで金持ちになったパターン、本人の努力で金持ちになったパターン、ビジネスで成功した親のもとに生まれたパターンの三つです。

比較しやすいように、すべて上海で働いている人で、八〇後、つまり30代の人たちを選びました。

最初は不動産バブルの恩恵を受けた人です。1983年生まれ、36歳の独身女性Aさん。上海で働いていて、月収は20万円。しかし、ほぼ毎月、日本に遊びにきています。

彼女は大のシャンパン好きで、本当はフランスに通いたい。でも、なかなか長い休みがとれないため、近場の日本へやってくるようになった。

日本に何度も通ううち、日本酒の魅力にめざめます。上海のソムリエと一緒に、日本酒スクールで唎《き》き酒師の資格をとったほどです。いまは東京でミシュラン星付きのレストランをまわって、日本酒や高級ワインを開けるのが趣味になった。

彼氏がいないのが悩みで、日本へはいつも一人で来ているようですが、定宿《じょうやど》はアマン東京やペニンシュラ東京といった高級ホテルばかりです。1泊5万円はするホテルに毎回2〜3泊している。

なぜ、そんなぜいたくが可能かというと、やっぱり不動産です。同居する親が上海の中心地に家をもっていたのですが、5年前、そのエリアに開発計画がもちあがり、立退料として1億円以上が入ってきたのです。そのお金の大半は証券投資にまわし、大きな利益を生んでいるといいます。

ちなみに、中国の会社には、日本のような退職金制度がありません。退職時にドカンとまとめてもらうのではなく、退職後も給料が支払い続けられる。彼女の両親はだいぶ前にリタイアしていますが、こうして親に入ってくる給料が月16万円ある。

だから、日本人が親と同居しているときみたいに「実家に少し生活費を入れる」なんて感覚がありません。親と住めば、住宅費だってかからないので、自分の給料はすべて海外旅行でつかうことができるのです。

## 沖縄に専属コンシェルジュ

ふたつめは、自力で豊かになった人。起業して成功した人や、サラリーマンであっても金融系やIT系の一流企業につとめ、ものすごい高給をもらっている人たちです。

1986年生まれ、33歳の女性Bさん。上海の広告会社につとめていて、月給は十数万円です。しかし、ご主人が証券会社勤務で、ボーナスが1000万円以上も出るほどの高給取りなのです。

自宅は200平米もある高級マンションですが、自分の力で買いました。それどころか、親に100平米のマンションをプレゼントまでしている。

5歳の子供がいるため、あまり遠くには行けないということで、年に3～4回、家族旅行で日本にやってきます。東京でミシュランの星付きレストランをまわったりしている。

沖縄も大好きなのですが、子供連れで楽しめる大きなリゾートホテルが多いからです。現地ではいつも同じ中国人運転手を雇い、空港まで迎えにこさせます。買い物リストを中国からその運転手に送り、買っておいてもらう。現地の秘書というか、コンシェルジュとして使っているわけです。

彼女の場合も、宿泊はコンラッド、アマン、ペニンシュラといった高級ホテルのスイートルームを選ぶそうです。

## きびしく育てられる富二代

三つめは、親が１９８０年代や１９９０年代に会社を立ち上げ、大富豪になったパターン。親は六〇後が多いのですが、この世代の子供にあたるのが八〇後九〇後で、「富二代《フーアーダイ》」と呼ばれています。

大金持ちの子供と聞くと、自分は働かずブラブラしているくせに、高級車を乗りまわしていたり、夜の街で遊びまくったりしているイメージがあるかもしれません。たしかに有力者の子供には放蕩《ほうとう》息子も多いのです。

でも、富二代は、親が一代でビジネスを軌道にのせた人ばかりなので、ちょっと事情が違う。改革開放以前の中国には、民間企業なんか存在しません。富二代の親の大半は裸一貫でスタートして、自分の力だけで貧しさから抜け出した。苦労人であるぶん、子供をきびしく育てることが多いのです。

不動産バブルや株バブルの恩恵を受けた人は、苦労せず金持ちになったぶん、お金のつかい方も荒いし、子供を甘やかす傾向があります。一方、ビジネスで成功した人は、逆に子供を普通よりきびしく育てることが多い。

## 日本文化を守りたい

1980年生まれ、39歳の男性Cさんは典型的な富二代。親は建築業で大成功して財をなした人です。

Cさんは上海の超難関高校を出て、上海の一流大学を卒業しました。現在はIT企業を経営している。奥さんもファッション関係の会社を経営し、小学校低学年の子供がいます。家族そろって日本が大好きで、毎年5~6回は遊びにきています。

数年前、伊豆の高級旅館に泊まって、ものすごく気に入ったそうです。日本建築の細部にわたるこだわりや、丹念に手入れされた庭に感銘を受けた。ビジネスで世界中をまわっているので、ありとあらゆる庭を見ている人です。この庭の価値がよくわかった。

ところが、2018年にこの旅館を再訪したとき、印象が変わった気がした。調べてみると、トリップアドバイザーでの評価も下がり続けている。実は前オーナーが亡くなり、後継者もおらず、再生機関に運営をまかせていたのでした。

「日本文化の粋《すい》が、このまま消えてしまうのは惜しい……」

そう思ったそうです。この旅館なら、世界の富裕層に気に入られると確信した。畳の部屋にベッドを入れるとか、ホームページを洗練させて、多言語対応にするとか、手直しは必要でしょう。でも、旅館そのもののポテンシャルが非常に高い。そう考えた彼は、この旅館を買い取り、ラグジュアリー旅館として再生させようとしている。

私の印象では、ビジネスで成功している富二代は、Cさんのように教育レベルも高く、謙虚で立派な人格者が多い。親から資金援助を受けたとしても、親とは違うビジネスを立ち上げて、苦労しているからだと思います。

自分がきびしく育てられたように、自分の子供にもきびしいのが、彼らの特徴です。決して甘やかさない。これはCさんではないのですが、家族旅行で日本に来るときは、夫婦はビジネスクラス、子供はエコノミークラスという人までいます。

八〇後の富二代には、海外留学を経験している人が多い。Cさんは留学していないものの、弟さんは早稲田大学に留学した。日本の大学にもたくさん来ていたのです。

これが九〇後の富二代になると、高校から海外に行かせるパターンが増えます。日本の有名私立高校にも、こうした富二代が増えている。

彼らは高校・大学時代から日本で学び、日本文化の大ファンになる。そして、大人になっても日本通いを続けてくれている。こんな心強い味方はありません。

## 訪日客の半分以上は20代〜30代

さて、訪日中国人は、どういう年齢構成になっているのか？　法務省の２０１８年のデータを見てみましょう。

20歳未満が12・３パーセント。20代が25・７パーセント。30代が29・２パーセント。40代が15・４パーセント。50代が10・２パーセント。60代以上が７・２パーセントとなっています。

20代と30代を合わせると54・９パーセントで、半分以上を占めています。40代までふくめると、70・3パーセントに達する。訪日中国人の半分は20代〜30代、7割は20代〜40代だということです。

2019年に七〇後は全員が40代、八〇後は全員が30代、九〇後は全員が20代になりますから、七〇後＝40代、八〇後＝30代、九〇後＝20代とイメージしてくださってかまいません。要するに、訪日中国人の半分は八〇後と九〇後、7割は七〇後八〇後九〇後だということです。

この本で八〇後と九〇後にスポットライトをあてるのは、訪日中国人の過半を占める人たちだからなのです。

さらに、もうひとつ大きな理由があります。彼らは「消費は美徳」と考える世代だからです。特に九〇後は借金してでも現在を楽しもうとする点で、これまでいなかったタイプであり、ネットローンの使用率もダントツで高い。要は、「行楽須及時《シンルースージーシー》（何かやりたいと思ったら、いますぐ楽しもう）」を地でいく世代だということです。

長いデフレを経験した日本人と違い、中国人はこの30年間、給料も物価も上がり続ける世界に生きてきました。住宅価格を見てもわかる通り、人に先がけてモノを買った人ほど得をしてきた。インフレでお金の価値がどんどん下がっていくわけですから、つかわないと損をする。日本人とは違う消費マインドが育って当然です。

そのなかでも、もっとも日本商品を買っているのが八〇後九〇後なのです。

まあ、10年という長い期間で世代を区切るのは、乱暴な話ではあります。1989年生まれの八〇後と1990年生まれの九〇後の差より、同じ九〇後である1990年生まれと1999年生まれの差のほうが大きいはずですし。

だから最近の中国国内のマーケティングでは、八五後《パーウーホウ》（1985～1989年生まれ）九五後《ジウリンホウ》（1995～1999年生まれ）のように、5年で刻むことも多いのです。

ただ、本書ではザックリと傾向を理解していただくために、10年で区切りたいと思います。厳密に考えれば個人差も大きいのです。大都市に生まれたか地方に生まれたか、親の収入がどれぐらいあるか、どの程度の教育を受けたか、などによって、同い年でも「ホントに同じ中国人？」というぐらい違う。だから、例外はあることを念頭に置きつつ、大きな傾向について話したいと思っています。

## 八〇後は衝撃的だった

14億人いる中国人の半分は40歳未満です。日本と比べて、非常に若い。八〇後は２・２８億人もいます。九〇後は１・７５億人もいる（ちなみに〇〇後《リンリンホウ》は１・４６億人、七〇後は２・１５億人です）。

つまり、八〇後と九〇後だけで４億人。日本の総人口の３倍です。そのうち上位10パーセントだけを相手にするとしても４０００万人ですから、ものすごい数になる。

改革開放政策は１９８０年代にスタートしているとはいえ、中国が高度経済成長期と呼べる時代をむかえたのは21世紀に入ってからです。２００３年からＧＤＰが５年連続で二桁増したあと、２０１０年にＧＤＰで世界２位になりました。

１９８０年代生まれというのは、改革開放時代しか知らない世代なのです。高度成長期には中高生で、世界２位の経済大国になったときに全員が成人した。

しかも、一人っ子政策が１９７９年に始まっているので、ほぼ全員が一人っ子という、中国史上に例のない世代といえる。

ただし、1980年代の前半に生まれた人たちが大学を出て社会人になったころ、まだ高度経済成長は始まったばかり。初任給も安かったし、その一方で住宅価格はすでに高騰していたので、生活は楽とはいえなかった。いまも住宅ローンや自動車ローンに苦しめられている人がたくさんいます。

「豊かな時代しか知らない」と表現するには、せいぜい八五後か九〇後にならないと、そういえないと思います。八〇後全体としては「改革開放時代しか知らない」とまでしか表現できない。そういう意味で、「借金をしてでも、いまを楽しもう」なんて価値観は、九〇後になるまで生まれようがなかったのです。

## なぜ世代に名前をつけなかったのか

日本には団塊の世代、バブル世代、ゆとり世代、さとり世代……と、これでもかというぐらい、世代をくくる名称がありますが、実は中国にはそういう言葉がありませんでした。ようやく21世紀になるころに「八〇後」という呼称が生まれて、そこから各世代に名前をつけるようになった。七〇後も六〇後も、八〇後のあとで生まれた呼び方なのです。

中国は国土が広く、人口も多い。たくさんの民族が暮らしているので文化もさまざまですし、生活水準もさまざまです。違う土地へ行けば「ホントに同じ中国人なの?」と感じることのほうが多い。広東省や山東省の人口は1億人を超えています。もう日本が10個ぐらい集まった感じの多様性なのです。

たとえば上海生まれ・上海育ちの私が広東省に行く。広州や深圳は上海並みのメガシティですし、同じ漢民族の街なのですが、広東語をしゃべられてしまうと、一言も理解できない。もう外国にちかい感覚です。私は日本語ならよくわかるので、むしろ日本にいるほうが外国感はありません。

日本のような均一な社会では、地方に行っても「ホントに同じ日本人?」と感じることはまずないと思います。均一な社会だから、年代によって区切ることができた。これが○○世代という呼称がたくさんある理由だと思います。

中国では、それ以前の多様性がすごすぎて、世代でくくることが難しかったのでしょう。○○世代である前に、××省出身だとか、△△民族だとかいうアイデンティティのほうが強力だった。

逆にいえば、八〇後というのは、中国で初めて全国区で「似たような人たち」とくくることのできる人間集団が登場したということなのかもしれません（似たような発想・行動をする人が全国的にあらわれたのは、地理的距離や社会的属性を無にしてしまうインターネットの登場とも関係があると思います）。

そういう意味で、まったく新しい価値観をもった八〇後の登場は、かなり衝撃的だったのです。わざわざ名前をつけるほどの新人類だった。

## 七〇後は貯める、八〇後は返す、九〇後は？

では、七〇後、八〇後、九〇後は、どんな感じに違うのでしょうか？

お金との付き合い方に関しては、「七〇後は貯める。八〇後は返す。九〇後は借りる」という言い方がされます。あるいは「七〇後には貯金がある。八〇後には借金がある。九〇後には（金持ちの）親がいる」とも。

私はまさに七〇後。日本に暮らして長いし、感覚的にはもう日本人にちかいと思うのですが、中国の友人たちを見ていると、この違いを実感します。

七〇後はまだ貧しかった中国を知っている世代です。お金をつかうことの前に、貯めるほうを考える。住宅を投資対象としても考えているし、株式や理財商品を買ったりもする。最終的にはお金を増やして、不測の事態にそなえようとしてしまうのです。貧しい時代を知るだけに、貯金がないと不安でたまらなくなる。

一方、八〇後はもう少し消費に対する罪悪感がない。ただ、日本でもバブル時代に社会人になった人はそうだと思うのですが、自分が住む場所を確保するだけで苦労する。親が上海や北京に家をもっている人は別として、地方から大都会へ働きにきた人は、とてつもない金額の住宅ローンや自動車ローンをかかえています。

消費したいという思いは七〇後よりも強い。でも、さまざまなローンの返済に追われ、能天気にお金をつかっている余裕がない。それが「八〇後は返す」と形容されるときの、彼らのイメージなのです。

一方、九〇後になると、もうあっけらかんと消費します。ネットローンで借金をしてまで、欲しいものを手に入れる。七〇後の感覚からすると考えられないことですが、彼らは「いま、つかわないと意味がない」と考えている。「お金って、つかわなかったら、ただの紙でしよ?」という感覚なのです。

ローンを組んで家を買う習慣が生まれたのは、七〇後が中高生ぐらいの時期です。それまではローンという概念が存在しないので、手元にお金がないのにモノが買えるなんて、想像すらできなかった。保険だって存在しなかったので、老後にそなえるのは貯金しかないと思いこんでいた。まずはお金、次に消費なのです。

そういう人間から見ると、九〇後はもう宇宙人です。先に消費、あとでお金という発想は、私たちの頭からは出てこない。

ただし、彼らがそういう行動をとるのは、事情があります。さきほどは不動産バブルの恩恵を受けた人を紹介しましたが、当然ながら、そんな人ばかりではありません。地方から上海や北京に出てきた人は、一流企業に就職しようが、もはや自分の力で都心にマンションを買うのは不可能です。

八〇後はローンで首がまわらないといっても、それでもまだ家が買えた。九〇後、特に九五後が社会人になった時代には、家を買うこと自体が不可能になっている。地方出身の九〇後のなかには、もう持ち家をあきらめてしまった人も多い。そこで、家を買うはずだったお金を、日常的な消費にまわすのです。

一方、親が不動産バブルの恩恵を受けている九〇後も、もう家を買う必要がない。自分の給料をすべて趣味に使える。不動産バブルの恩恵があろうがなかろうが、どちらにしても九〇後は「日常を豊かにするための消費」を選択することになるわけです。

## パスポートってどんなもの？

海外との関係についても、世代間格差があります。

中国で本格的な海外旅行が解禁されたのは1997年です（日本へは、団体旅行が2000年から、個人旅行が2009年から）。

私が初めて中国大陸の外に出たのは、まさに1997年ですが、当時、上海の旅行代理店につとめていたからです。香港・マカオへ行っただけですが、周囲からものすごくうらやましがられた。よく「パスポートっていったいどんなものなのか、実物を見せてくれ」と頼まれたぐらいです。

それでも、職業的に恵まれた環境にいた私ですら、ようやく社会人になって外の世界を見たわけです。七〇後にとっての海外体験とはそのレベルです。

一方、海外旅行ブームに火がつくと、金持ちが子供連れで東南アジアを旅行するようになりました。シンガポール、タイ、マレーシアをまわるような団体旅行です。このとき10代で海外を経験したのが八〇後なのです。

これが九〇後になると、海外旅行はさらにカジュアルになる。学校に上がる前に日本や欧米を経験することも珍しくありません。彼らが10代のころ、中国はＧＤＰ世界2位になっていますから、上の世代ほど先進国に対して引け目を感じない。

ちなみに、〇〇後（２０００年代生まれ）になると、小学校の修学旅行が海外ですから、むしろ日本の小学生より海外との垣根が低くなっている（これについては、また第4章でご説明します）。

## 小籠包屋からコンビニへ

だいたいコンビニだって１９９０年代までは存在しなかったのです。初の日系コンビニとしてローソンが中国に進出したのも１９９６年です。

私が中高生の時代は、学校の帰りにコンビニでヨーグルトや肉まんを買って食べるなんて、考えられなかった。町の小籠包屋に友達と寄ってから帰るぐらいでした。

私が子供のころは甘いものに飢えていました。クリームの入ったケーキなんて、年に2回しか食べられなかった。自分の誕生日と春節だけです。朝食はお粥とか焼き小籠包といった上海伝統の朝ご飯だった。一方、八〇後は小学生のときから朝食にパンを食べていますから、原体験がまったく違うのです。

私が小学生のとき、コーラなる飲み物を見てビックリしました。「アメリカ人はこんな真っ黒い水を飲んでいるのか！」と腰を抜かした。八〇後や九〇後は、小さなときから海外の商品と普通に接しています。同じように海外旅行しても、七〇後とはカルチャーショックの受け方がまったく違うわけです。

コネがなくても海外留学できるようになったのは2000年代に入ってからですから、やはりその恩恵を受けているのは八〇後より下の人たちです。七〇後の時代には、どんなに実力があっても、それだけでは海外留学できなかった。

八〇後は、外国の文化を子供のころからあびている。それ以前の貧しい世界を知らない。

さまざまな世代があるといっても、七〇後と八〇後のあいだに横たわるギャップが、最大のものだと思います。だから、わざわざ「八〇後」という言葉を作って、それ以前の全世代と区別したのでしょう。

## ロレックスはお父さんの腕に

さて、各世代のイメージについて説明しましたので、ようやく若者とインバウンドの関係についてです。

私が「日本のインバウンドは八〇後九〇後をターゲットにすべきだ」というとき、若いこと自体には、なんの意味もありません。べつに若者マーケットがどうのこうのといった分析をしたいわけではないのです。

中国の20代~30代は、日本の20代~30代と違って、お金をもっている。しかも、それをつかうことに抵抗がない。さらに彼らは子育て世代で、中国には子供のためにいくらでもお金をかける文化がある。だから上客になりうる、といいたいのです。

私の印象もそうですし、日本人の中国駐在員の方も必ずおっしゃることですが、同じ部長や課長といったポストでも、中国のほうが10～20歳は若い。

社会全体が若いということもありますし、歴史の浅い会社ばかりだということもあります。いずれにせよ、日本の終身雇用・年功序列のシステムを前提に生まれた「歳をとればとるほどポストが高く、お金もたくさんもっている」というイメージは、中国人相手にはまったく通用しないということです。

アマンのような高級ホテルを定宿とする30代を紹介しました。日本の30代は、なかなか同じような行動はとれないと思います。銀座の高級料理店だって、日本人の感覚では年配のお金持ちが通うイメージでしょうが、中国では若い人が行く。

いま東京・銀座は週末になると中国人だらけになりますが、買い物をしている客層を比較すると、明らかに中国人のほうが若い印象をもつはずです。若くてお金をもっている人がたくさんいる。

ここが意外と、日本のインバウンド関係者に理解されていないポイントなのです。それを伝えるために、この本を書いたといってもいい。

うちの上海オフィスのスタッフの彼氏が、日本に来たときのことです。1983年生まれの彼は、典型的な八〇後。「わかりやすく自慢できる記号」としてのロレックスが大好きで、大阪・梅田のデパートに出向いて、２００万円ちかくする腕時計を買ったそうです。それでも「中国で買うより20万円も安かった」とご満悦でした。

このとき、彼はお父さんを連れて日本に来ていたので、買い物も一緒でした。時計を彼が選んでいるというのに、日本人店員は「こんな感じです」と、時計をお父さんの腕に試着させたというのです。

店員の側は、「こんなに高価なものを30代の若者が買うはずはない。お金をもっているのは年配の客のほうだ」と思いこんでいる（キタ＝梅田ではなく、訪日中国人に慣れているミナミ＝難波のデパートなら、違った対応をしたかもしれません）。

彼は笑い話として、このエピソードを紹介してくれました。でも、「失礼だ」と怒り出す人がいてもおかしくありません。こうしたズレは早く修正しないといけない。

## ポルシェのオーナーは30代

同世代で比べたら、中国の八〇後九〇後のほうが、日本の20代～30代よりはるかに高額消費をしています。

ポルシェによると、ドイツ人オーナーの平均年齢は52歳だそうです。一方、中国人オーナーの平均年齢はなんと36歳。ケタ違いに若い。

ちなみに、ドイツ人オーナーの7割は男性であるのに対して、中国人オーナーは男女半々ぐらい。これは若い女性でお金持ちの人が多いこともありますし、男性が買って女性にプレゼントするケースも多いからです。

日本でも、若くしてポルシェに乗る人はいます。でも、IT社長とか特別な人であって、平均年齢が30代になるなんて、ちょっと考えられない。中国人オーナーたちは、若くても羨望のまなざしであおぎ見られる存在なのです。

日本で高級そうなオープンカーを見かけると、リタイア後にセカンドドライフを楽しんでいるような、素敵なおじさまが運転していることが多い。でも、中国では若者が運転している。もしくはモデル級の美女が運転している（男性からプレゼントされたのでしょう）。高級車は日本より多いし、より若い層が運転しているのです。

もちろん中国には「長幼の序」という感覚が残っていて、日本人の中国駐在員の方は口をそろえて「中国のほうが日本より、バスや地下鉄でお年寄りに席をゆずる若者が多い」とおっしゃいます。

日本人の妊婦さんや、赤ちゃんを抱っこしたお母さんに聞いても、同じような印象をもっている。「日本ではほとんど席をゆずってもらった経験がないけど、中国では、もうほぼ100パーセント、席をゆずってもらえる」と。

中国の若い人たちが偉そうにしているということではないのです。ですが、日本の感覚でいえば「年配の人しか行かないような」超高級店に平気で出入りするし、お金を払っている以上、相応のサービスを求める。

彼らが日本に来たとき、「まだ若いから」という理由だけで軽くあつかわれることがあると、不愉快に思うはずです。「ここは若造の出入りする場所じゃねえよ」みたいなムードをかもし出す頑固店主がいないことを祈るばかりです。

日本人の若者は、たとえば上司に一人5万円もする高級寿司屋でご馳走になるとき、きちんとした格好をします。でも、中国のプチ富裕層にはそういう感覚がない。帽子をかぶってパーカーをはおり、アマンなどの高級ホテルに出入りしている。社長として仕事しているときですらスーツを着ないのですから、当然です。

だから、誤解を受けやすい面もあるのです。見る人が見れば「このスニーカー、限定品で20万円するやつじゃん。リッチだなあ」とわかるのですが、年配の方から見れば、お金のない若者に見える。そこに齟齬《そご》が生まれる。

日本の感覚でいえば、シニアが上客なのでしょう。でも、高齢者はいくらお金をもっていても、もう働いていませんから、将来への不安があって、大きなお金をつかうことはしません。一方、若者はまだこの先、何十年も働く。老後が遠いぶん、大胆にお金をつかいます。日本の高齢者より、中国の若者のほうが、上客になりうるということです。

## 日本に家を買うのは子供のためだ

これは不動産のような「大きな買い物」についても同様です。日本の20代~30代がアメリカやオーストラリアのマンションを投資目的で買っている姿は、ちょっと想像しにくい。でも、中国の20代~30代は自然にそういう行動をとっています。

たとえば上海在住のD夫婦。二人とも八〇後で、奥さんは金融系の仕事をし、旦那さんは映画関係の会社を経営されています。さきほどの3分類でいえば、自力で豊かになった高収入世帯の30代夫婦です。

日本を旅行して大ファンになり、2年前から各地で家を買い始めた。現在、東京に3軒、大阪に1軒、福岡に3軒もっていて、すべて貸し出しています。

日本で家を買う理由は、3歳の娘のためです。第4章で紹介しますが、中国の受験競争はもう戦争と呼んでいいような熾烈さです。そんな残酷な環境に愛娘《まなむすめ》を放りこみたくない。娘は将来、日本で「もっと楽に生きてほしい」。そのために家賃収入だけでも食べていける環境を用意しておくのだとか。

別の八〇後女性Eさんも、東京・代官山にタワーマンションを買い、月曜から木曜までは上海、金曜から日曜までは東京という生活を続けています。彼女の場合も「5歳の子供のことを考えると、空気もきれいで食べ物も安全な東京で暮らしたい」。

## クレヨンしんちゃんみたいな家です

こうした実例を紹介してくれたのは、東京・池袋にある「JP house」という中国人向けの不動産会社。社長は1986年生まれ、上智大学を出た上海人女性です。営業スタッフ10名のうち、最年長は1983年生まれ、最年少は1993年生まれ。若いスタッフでそろえているのは、「八〇後九〇後のお客さんが多いから」だといいます。それぐらい20代~30代の中国人が、日本の不動産を買いにきている。

私の実感でも、日本にセカンドハウスを買って、年に4~5回、遊びにくるような若い層がものすごく増えている印象があります。

こうした買い物は、すべて現金で一括決済。原宿のマンションで3億円するような物件でも、中国人は現金で支払うそうです。

余談になりますが、中国にいるお客さんには、なかなか日本の一戸建てのイメージが伝わりにくい。そこで「『クレヨンしんちゃん』に出てくる春日部の家、わかりますよね? あんな感じです」といったやり取りをするそうです。

物件のエリアに関しても、「南青山です」といっても、なかなか通じない。そこで「〇〇というドラマは観てたでしょう? あのレストランの隣です」とか「女優の××さんが近所に住んでいます」みたいに説明する。

いまやほとんどタイムラグなしで、日本のアニメやドラマは中国で見られます。「字幕組」と呼ばれるボランティアたちが、すぐに字幕をつけてネットに上げるからです。ネット世代である八〇後九〇後にとって、日本のアニメやドラマは非常に身近な存在だというのが実感できるエピソードです。

## 買い物する金額はダントツ

もちろん大きな買い物だけでなく、小さな買い物もたくさんします。

観光庁の「訪日外国人消費動向調査2018」によれば、訪日外国人の一人当たり旅行支出は平均15・3万円。一方、中国人は22・5万円と、平均を5割も上まわっている。オーストラリア人の24・2万円、スペイン人の23・7万円に次いで、3番目に高い。

旅行支出の内訳を見ると、面白いことがわかります。中国人が買い物にあてた金額が11・2万円と突出しているのです。2位のベトナムが6・3万円ですから、もうダントツです。ライバルが存在しない。ちなみに平均は5・1万円ですから、中国人は平均の倍以上も買い物をしている。

マツモトキヨシの店頭で中国語のＰＯＰを見かけるのも普通になった（アフロ）

この内訳をチェックすると、どうしてオーストラリア人やスペイン人の支出が多かったのか見えてきます。宿泊費が占める割合が高いのです。欧米人の場合、わざわざ遠方からやってくるぶん、長期滞在する人が多い。

観光で日本をおとずれた外国人の滞在日数を調べたＪＮＴＯの統計があります。それによると、ドイツ人の41パーセントは、14～20日も滞在している。ヨーロッパほどは日本が遠くないオーストラリア人の場合、42パーセントが7～13日の滞在です。当然、ホテルに支払うお金が大きくふくらみます。

それに対し、中国人の53パーセントは4～6日しか滞在しない。「日本に行きたくなったら、いつでも行ける」距離にあるからです。にもかかわらず、平均の倍ぐらいの買い物をして、トータルで欧米人並みにお金を落としている。飲食店で「サッと頼んで、サッと飲んで、サッと帰っていく」客がモテたりしますが、それに似た行動をとっているわけです。

もちろん、「モノ消費からコト消費へ」という大きな流れはあります。中国人も単純なショッピング以上のものを求めるようになってきている。でも、それを差し引いたとしても、日本製品を彼らほど買っている観光客はいないわけです。

## 一人で16人ぶんの消費

そして重要なのが、日本で値段の高いものを買っている中国人の半分が、20代～30代だということです。

ボストン・コンサルティング・グループが2018年に発表した調査結果では、奢侈品《しゃしひん》を購入する中国人の年齢別割合は、18歳以下が8パーセント、18～24歳が36パーセント、25～30歳が32パーセント、31～35歳が13パーセント、36～40歳が6パーセント、41歳以上が6パーセントとなっています。

このデータは中国国内での消費ですが、20代、つまり九〇後だけで6割を占めているのが衝撃的です。

マッキンゼー・アンド・カンパニーも2019年に奢侈品に関する調査結果を出しています。2018年における奢侈品の消費金額に占める割合を見ると、六五後と七〇後で22パーセント、八〇後が56パーセント、九〇後が23パーセント。

こちらの調査では、もっとも奢侈品を買っているのが八〇後になっていますが、何をもって奢侈品と定義しているかの違いでしょう。いずれにせよ、高額消費をしているのが20代〜30代、つまり八〇後と九〇後である点では一致している。

ネット消費になると、この傾向がさらに鮮明です。アリババの通販サイト「天猫《ティエンマオ》（Tモール）」では、2017年の段階ですでに消費者数の半分、消費総額の4割を九〇後が占めています。九〇後の全員が成人した2019年では、この割合がさらに増えていることは間違いありません。

ちなみに天猫においても、奢侈品を買う消費者の半分ちかくは九〇後。彼らだけで購入金額の45パーセントを占めているそうです。非常に重要なのは、奢侈品を買った九〇後の購入金額は、一般的な消費者の購入金額の16倍にもなること。一部の若者たちが、一人で16人ぶんもの消費をしているわけです。

中国で奢侈品を買う層と、日本を個人旅行する層は重なっています。16人ぶんものお金をつかう上客を放置していいはずがないのです。

ちなみに、本章扉の写真は郝利文さんが設立した「上海清酒クラブ」。日本酒を愛する中国人会員が、なんと300名も所属しています。IT系や金融系のエリートばかりで、まさに若くて、お金持ちで、高額消費をためらわない人たちです。

日本旅行で日本文化のファンになり、帰国後も日本製品を買い続けてくれる。日本酒の値段は関税がかかるぶん、日本で買うよりはるかに高くなります。それでも中国で売れているのは、こうしたファンが存在しているからなのです。

## もっとも化粧品を買うのは20代~30代

市場調査と事業成長支援サービスを提供するヴァリューズが、非常に面白い調査データを発表しています。訪日中国人といえば、デパートの化粧品売り場に群がる女性が連想されますが、彼女たちの美容に関する意識を調べたものです。

比較したのは、美容に興味のある日本人女性と、過去1年間に訪日経験があって、なおかつ越境ECの利用習慣のある中国人女性。

年齢を24歳以下、25～29歳、30～34歳、35～39歳、40歳以上に分けて、細かく比較しています。

90後は軽く化粧してから出かけるのが常識に。アラビカーコーヒー上海店の前で

どの年代で比べても、中国人女性の化粧品購入額は、日本人女性の倍以上になっています。ほんの少し前までは化粧して出かける習慣もなかったわけですから、ものすごく短いあいだに化粧する習慣が根づいたことがわかります。

まあ、越境ECで取り寄せるとなると、関税もあって値段は高くなる。倍というのは意外としても、中国人の購入額のほうが多いのはわからなくはない。

面白いのは、ここからなのです。日本人女性の場合、年齢の上昇と比例して購入額が増えていく。やはり歳をとった人のほうがお金をもっていて、たくさん消費もしているのです。だから、化粧品売り場でも、20歳の女性よりは、40代〜50代のマダムのほうが上客としてあつかわれているはずです。

ところが、中国のほうは、30〜34歳が購額入のピークになる。24歳以下、25〜29歳も同レベルには買っていますから、34歳以下がものすごくお金をつかっている。40歳以上の購入額に比べて1・5倍ぐらいあります。

日本の感覚で「まだ20代〜30代だから、そんなにお金を落とさないだろう」と思ったら、大間違い。目の前にいる若者こそ、もっとも化粧品を買ってくれる上客だということです。決して日本の常識で判断してはいけない。

化粧品売り場に立っておられる方々には、周知の事実だろうと予想します。ただ、日本のインバウンド業界全体でいうと、まだまだこれが理解されていないのです。

# 第　2　章

# 「ホトケになった若者たち」

## 「996」はブラックなのか？

2019年の初夏、中国でもっとも盛り上がったネタといえば「996」論争。日本のブラック企業論争みたいなものです。

そもそも「996工作制」とは、中国の大手広告代理店が導入している勤務制度として世に出てきた言葉です。朝9時から夜9時まで、週6日間、働く。それがいつしか長時間労働の代名詞として使われるようになった。

2019年3月、さまざまなIT企業につとめるプログラマーたちが「996・ICU」という、同制度を批判するウェブサイトを作ったことで、注目度が急上昇しました。ICUとは集中治療室のこと。「こんな働き方をしていたら、絶対に体を壊して病院行きだよ」というメッセージがこめられています。

ネット上には「うちの会社は996どころか10107（朝10時から夜10時まで、週7日間）だ」とか、「うちはもっとひどい。9127（朝9時から夜12時まで、週7日間）だ」とか、自虐的な書きこみがあふれ返りました。

2018年「独身の日」のジャック・マー（ロイター／アフロ）

ちょうど日本でドラマ「わたし、定時で帰ります。」が放映されていた時期です。最近はほぼタイムラグなしに日本のドラマが見られますから、「働き蜂の日本人でさえ、いまは定時に帰る時代なのに……」なんて書きこみも登場した。

論争がメジャー化したのは、４月にこの話題を「人民日報」が取り上げ、さらにアリババ・グループのジャック・マー会長（２０１９年９月に引退）が９９６を支持する発言をしたからでした。

「個人的には、９９６で働くことができるのは幸せだと考えている。多くの企業、多くの人が９９６で働きたいと願っても、実際にはそのチャンスがないのだ。若いときに996で働かなくて、じゃあ、いつ996で働くのか?」

ジャック・マー自身、休みなく、毎日12時間働く生活を続けてきました。成功した六〇後の典型ですが、高度成長期に日本でも多かったモーレツ社員（モーレツ社長）なのです。

「8時間だけ気持ちよく働きたいなんて若者は、うちの会社には必要ない」とまで発言し、ネットで大炎上したのでした。

続いて、ネット通販ではアリババと2強の京東《ジンドン》グループの劉強東CEOも「996を強制はしないものの、京東の社員は奮闘する気持ちをもっていないといけない」と追随します。劉強東は七〇後で私と同世代です。

## 働く意味のある世代、ない世代

実をいうと、私もジャック・マーや劉強東と同じ意見なのです。長時間労働を賛美するつもりはないし、体を壊すまで働く意味はないと思っているけれど、若いうちは多少の無理をしてもいい。頑張りがきくうちに努力するから、未来の扉が開かれる。それだけ仕事があるのは、むしろラッキーなのだと。

七〇後の友人たちに聞いても、多かれ少なかれ、似たような感覚をもっています。「私たちが懸命に働いたからこそ、中国はこんなに豊かになったのだ」と。「誰もが996で働けるわけではないよ」というジャック・マーの言葉が実感としてわかる。

ところが、貧しい中国を知らない世代には、そういう感覚がない。996を批判しているのは、特に九〇後を中心とした若者たちなのです。

感覚が違う背景には、社会が大きく変化したことがあります。

なぜ六〇後や七〇後がモーレツ社員になったのか？　ある意味、当然の話で、高度経済成長期には、頑張れば頑張るほど成果が出せたからです。中国のGDPはどんどん大きくなったし、自分のビジネスもどんどん大きくなった。努力の結果が見えやすかった。となれば、多少の無理もするようになります。

しかし、中国経済は安定成長に変わりました。そうそう簡単に起業して成功したり、大金持ちになれたりする時代ではなくなった。

それに加えて、普通のサラリーマンでは絶対に買えないほど、不動産価格が高騰してしまった。上海や北京といった大都会では、マンション価格が年収の50～60倍ということも普通です。バブル時代の東京で年収の10倍を超える物件が出たときに「もう家が買えない」と大騒ぎしたわけですから、絶望感がケタ違いなのです。

なぜ九〇後の消費力が高いかについて、持ち家のない若者も、親が不動産バブルの恩恵を受けている若者も、どちらも住宅は買わないからだと書きました。大きな買い物をしないから、そのぶん日常生活を豊かにすることにお金をまわせる。

彼らの置かれている境遇は両極端です。でも、結論としては同じ。どちらの若者も「そんなに頑張る意味がない」という結論に達している。これが、996を生理的に受け付けない理由だと思います。

## 仏男子から仏系へ

日本には「草食系男子」という言葉がありますが、中国でもここ数年、「低欲望な若者たち」が話題にのぼっています。悪い言い方をすれば「ハングリーさに欠ける若者たち」、いい言い方をすれば「争いごとを避けるやさしい若者たち」です。

キーワードは「仏系《フォーシー》」。この言葉は2018年末には、国家語言資源監測与研究センターの「今年の10大ネット流行語」に選ばれました。

もともとは日本の女性誌『ｎｏｎ-ｎｏ』２０１４年3月号の「イマドキ仏男子《ぶつだんし》を攻略せよ」という記事に始まります。仏男子は、ブッダ並みにガツガツした欲望がないのが特徴。女性誌のバレンタイン企画ですから、「恋愛は面倒くさい」「彼女なんていらない」「一人が好き」「趣味が一番」「女の子といると疲れる」「気をつかいたくない」……といった恋愛がらみの説明がならんでいます。

ところが、これが中国に伝わると、恋愛に限らず、もっと広い意味で使われるようになります。性別も男性に限らなくなった。草食系男子のユニセックス版みたいなイメージになった。もちろん、そこまで盛り上がった背景には「これって、まさに私のことをいっているんだな」という九〇後の共感があったのです。

事情を調べても、なぜ雑誌記事からこんなにタイムラグがあったのかわかりませんし、なぜ「仏男子」という言葉が「仏系」に変化したのか、わからないのですが、いずれにせよ２０１７年になって動き始めた。

最初にこの言葉を取り上げたのはブロガーの奶騎本騎《ナイチーベンチー》で、２０１７年に「仏系追星《ジュイシン》」という言葉を作りました。追星というのは、アイドルの追っかけです。

中国のアイドルファンには熱狂的な人が多く、別のアイドルを応援するグループと喧嘩が絶えません。自分の応援するアイドルのライバルのウェイボー（微博。中国版ツイッター）のコメント欄に下品な言葉を書きこんだり、ネガティブキャンペーンを張ったりするのも、しょっちゅうです。

奶騎本騎はこうした追星たちの行動に嫌気がさし、「もうバカなことはやめよう」と訴えたのです。ネットで喧嘩しない。コメントキャンペーンにも参加しない。ほかのアイドルの追っかけたちと仲良くし、みんなで楽しく応援する。これが彼にとっての「仏系」でした。

## アグレッシブじゃない中国人

一部のオタクに使われていた「仏系」を一般化させたのは、有名アカウント「新世相」が２０１７年12月に発表した「胃が壊れ、頭がハゲあがり、離婚した九〇後は仏系生活にシフトする」という記事でした。

この記事が炎上し、さらに人民日報までもが「仏系青年」を取り上げたことで、「中国に仏系青年が出現した」と、いろんなメディアが騒ぐようになりました。いきなりメジャーな言葉になったのでした。

ここから、さまざまな仏系が誕生してきます。「仏系女子」「仏系動物」「仏系生活」「仏系学生」「仏系飲食」「仏系父母」「仏系職員」「仏系顧客」……。まさに仏系ブーム。日本で仏男子が流行語になることはありませんでしたが、仏系は2018年の中国では誰もが知る流行語になったのです。

ちょっと面白いものを紹介すると……。

「仏系恋愛」というのは、恋愛はいらないということではなく、精神的負担になるようなら、やめておく。女性の場合だと、念入りに化粧してこびないと相手にされないのであれば、彼氏なんか欲しくない。男性の場合だと、「家をもっていない男には興味がない」といわれるのなら、ローンをかかえてまで彼女が欲しいとは思わない。

仏系の重要キーワードは「ご縁」です。ご縁があるなら、拒絶はしない。でも、ご縁もないのに、こちらからガツガツと求めていくことはしない。誰かと争ってまで、強引に何かを得ようとは考えないわけです。

「仏系社交」はウィーチャット（微信《ウェイシン》。中国版LINE）グループに発信しないどころか、グループ着信音をミュートにしてしまう。

中国人のウィーチャットでのやりとりは、あるグループに加入したら四六時中、ブーブーと鳴り続ける世界です。日本人の想像を絶するぐらい、頻繁に連絡をとり合う。そうした雑音をすべてシャットアウトし、自分の生活に没入する。あるいは、交友関係を極小にして、本当の友人としかかかわらない。自分の世界のほうを大切にしているわけです。

「仏系養生」は、ビールが大好きだけど「飲みすぎは体に悪い」と、クコの実を入れたビールをがぶ飲みする。夜食は体に悪いと考え、たくさん食べたあと胃薬を飲むのも仏系養生です。若者の健康意識が高まっていることは、プロローグでもふれました。でも、健康には気をつけつつ、自分がやりたいことを放棄するまではしない。まあ、仏系養生については、かなりジョークの入ったネーミングだと思いますが。

笑ってしまうのは「仏系乗客」。配車アプリを使ってタクシーを呼ぶとき、自分のいる場所を説明するのではなく、みずから歩いて車両のある場所まで出向くことを、こう呼ぶのだそうです。「仏系顧客」はネット通販やデリバリーで届いた商品が気に入らなくても、文句をいったり、返品したりせず、そのまま受け入れる。

自分の思うところを臆せず主張し、アグレッシブに現状を変えていく――。それが日本人のもっている中国人イメージではないでしょうか。自己主張が強いイメージ。ところが、仏系の九〇後たちは、周囲とモメるぐらいであれば異議申し立てをせず、現状を受け入れる。自己主張しない。だんだん日本人にちかづいている印象があります。

## 日本より先に中国で火がついた

「仏系玩家《ワンジア》」という言葉もあります。玩家とはゲーマーのこと。アクションゲームなどで、敵に出会っても倒さない。戦わずに逃げまわっている。でも、フィールド上にはずっといて、出会った仲間たちとコミュニケーションをとっている。それが仏系玩家です。そこまで争いごとを避けなくてもいい気がするのですが……。

そうした若者の傾向を象徴するような出来事が2018年にありました。日本製ゲームアプリ「旅かえる」（本章扉の画像）の爆発的ヒットです。

人気ゲームアプリ「ねこあつめ」でも知られるゲーム会社ヒットポイントが、2017年

11月に公開したのが「旅かえる」。日本語版しかないので、まずは日本で流行して、そのあと世界へジワジワと広がっていけばいいな、と考えていたようですが、なぜか日本で火がつく前に中国で爆発的なヒットになった。

公開2カ月後の2018年1月には、中国のグーグルプレイのアプリストアで無料ゲーム部門のトップに立っています。2019年7月現在のダウンロード数は3900万ですが、このうち中華圏（中国大陸、香港、台湾）でダウンロードされたのが93・6パーセント。日本でのダウンロードは2・8パーセントです。

いまでも十分すごいのですが、2018年1〜2月のピーク時には、中華圏のダウンロードが、なんと95・9パーセントを占めた。当時の日本でのダウンロードは1・6パーセントでしたから、完全に中国人のためのゲームになっていた。

検索サイト最大手「百度《バイドゥ》」が百度指数というものを出しています。指数の算出方法は公表されていないのですが、1月9日から急に「旅かえる」の検索数が増え始め、1月24日にピークをつけています。86万回近い指数なので、すさまじい数の人が検索したのでしょう（ちなみに2月末には2万回ぐらいに急落しています）。

ウィーチャットには「旅行青蛙《ルーシンチンワ》」「旅かえる」と、ふたつのハッシュタグが立てられました。閲覧数は前者が6・6億回、後者が2・6億回。すさまじい数です。ちょうど仏系という言葉がブームになっていた時期に、その裏では「仏系ゲーム」と呼ばれる爆発的ヒットが生まれていたわけです。

1月末のピークの時期、誰もが「スマホのスクリーンが緑一色になった」といっています。みんなが自分のカエルの画像をウィーチャットにアップしたからです。私自身、「いったい何が起きたの?」と驚き、検索しまくったことを鮮明におぼえています。

## 他人との競争がいっさいない

実は、このゲーム。派手なところがいっさいないのです。華々しいアクションもなければ、激しいバトルもない。高度な戦略性も求められない。絵も、ものすごく牧歌的な絵です。放置型シミュレーションゲームと呼ぶそうです。

主人公のカエルは家の中で本を読んだり、文章を書いたり、本当に静かな生活をしています。大きな事件など、何も起きない。淡々と毎日がすぎていく。

ゲームのプレーヤーにできることは、庭先に生えたクローバーを収穫し、それをお金代わりにお弁当や旅行道具、お守りなどを買い、旅支度《たびじたく》をととのえてあげるだけ。そうすると、カエルが旅に出るようになる。

あとはカエルが旅先から絵葉書を送ってきたり、たまに帰ってきてお土産をくれたりする。それをひたすら待つだけです。最長で3日間も待つそうです。だから、何か便りは来ていないかと、平均で1日3回ぐらいは起動する。

ユーザー同士でお土産を見せ合ったりはしますが、他者との競争がいっさい存在しない。そんなおだやかな世界観が、仏系の若者たちの心をつかんだわけです。小さなころから「一番になれ！」と過酷な競争を強いられてきた反動なのでしょう。

ユーザーの年齢層を見てみると、25歳以下が49・2パーセント、26～35歳が42・8パーセント。まさに八五後、九〇後、〇〇後のためのゲームだったわけです。

面白いのは「親の気持ちがわかった」という感想が多かったこと。カエルはコントロールできないし、どこで何をしているのかもわからない。どうやら旅先で友達を作っているようで、ネズミやらカニやらアリやらと一緒に写った写真を送ってくる。「元気でやっているみたいだな」とわかって癒《い》やされるわけです。

実は、蛙《ワ》と娃《ワ》(子供)は中国語では発音が同じなのです。だから「空巣青年《コンチャオチンニエン》」と呼ばれる一人暮らしの若者たちにウケた。内陸部の若者が就職で大都会に出て、親に会えるのは1～2年に1回になってしまう。そんなカエルに自分自身を重ね合わせているし、自分の子供としても見ている。

「旅かえる」がヒットしたあと、同じ会社が「ねこあつめ」も作っていると認知され、そちらも注目を浴びたのですが、「旅かえる」ほどは盛り上がらなかった。いまの中国は猫ブームで猫コンテンツが氾濫しており、カエルほどのインパクトがなかったようです。

もっと大きな理由として、庭先にやってくる猫を待つだけのゲームは「空巣老人(独居老人)」を連想させられて、寂しく感じてしまうようです。どんなにたくさん猫が庭先に集まろうが、どの1匹として自分のペットではない。そんな状況がつらいのだと。エサを用意することしかできない点では似ていますが、微妙に違いを感じている。

仏系の若者たちは、心をかき乱されるのが嫌なのです。ちゃんと子供がいて、どこにいるのか知らないけれど元気にやっており、たまに消息を知らせてくれる。そんな老後のほうが理想的だと考えているのでしょう。そういう意味では保守的なところがある。

## インバウンドにつながったのか?

このゲームでは、日本各地の観光地が紹介されます。メジャーなものだけでなく、非常にマイナーな土地も紹介される。その写真をカエルがどこで撮ったのか、ゲーム内で明らかにされないのは、ユーザー同士で画像を共有して「これはどこだろう?」と盛り上がることを期待しているからです。

たとえば、宮城県の松島に透橋《すかしばし》という橋があります。橋にすき間があって、足の下に海が見える点で特徴はあるものの、決して誰もが知る名所ではありません。その一部分だけを写した写真をカエルが送ってくる。開発者も「さすがにこれはわからないだろう」と予想したそうですが、すぐユーザーに特定された。

中国でも熱心なファンのあいだで、「これはどこだろう?」という会話が交わされました。異国の風景を、自分が旅するように楽しんだ。

たとえばカエルの訪問地を紹介しつつ「絶対に行くべき3城、3泉、1寺」を解説した記事がありました。3城は名古屋城、大阪城、熊本城。3泉は別府温泉、有馬温泉、下呂温泉。1寺は善光寺だそうです。

カエルがもち帰るお土産についての解説記事もたくさんあります。名古屋のういろう、善光寺の五平餅《ごへいもち》、有馬温泉の温泉まんじゅう、天橋立の五色豆など、それぞれがどんな食べ物で、どんな味がするのか、くわしく解説されています。これを読んだら、誰しも日本旅行をしたくなるはずです。

この影響なのかどうか断定できませんが、旅行サイト最大手「シートリップ」の統計では、面白い動きが見られます。人気がピークに達した2018年1月、名古屋のホテルの予約が前年同月比2倍以上になったのです。カエルが最初に訪問するのが名古屋城。名古屋はヒットポイントが本社を置いている都市でもあります。

また、カエルがおとずれる「天橋立→伊根町→美山町」という、京都府北部を旅するツアーも前年比60パーセント増したそうです。草津温泉、善光寺、屋久島といった観光地も、中国人の数が増えたといいます。シートリップでの「日本」というキーワードでの検索も1・5倍になりました。

ただし、「聖地巡礼してきました」という書きこみが、意外と少ないのです。3000万人以上の中国人がゲームを楽しんだわけですから、カエルの旅路を追いかけた記事がもっとあっていいと思うのですが、理由はよくわかりません（私としては、旅かえるにからめてインバウンドの話を全面展開したかったので、ちょっとガッカリです）。

ただ、シートリップ・ジャパン名古屋支店によると、名古屋に来る若者の多くは、必ず名古屋城に足を向けたと。名古屋城のために名古屋に来たのかどうかまではわからないが、名古屋といえば名古屋城とみんなが連想するほどには、ゲームの影響があったということです。

## ペット自慢が増えてきた

さきほど「空巣青年」という言葉を紹介しました。地方から上海や北京といった大都会に出てきて、一人暮らしをする若者たち。青年というのは若者をあらわす中国語ですから、日本語と違って女性もふくまれます。

中国ではずっと、結婚して家を出るまでは、両親と一緒に暮らすのが基本形でした。大学で寮に入ることはあっても、地元で就職して、親と一緒に住む。ところが、この10年ぐらい、地方から大都会に出て就職し、一人暮らしをする若者が増えてきた。六〇後七〇後の時代にはなかった現象です。

２０１６年のデータですが、独身で一人暮らしをしている若者が５８００万人になったそうです。地方から、深圳、北京、広州、上海、成都といった大都市に出てきた若者たちです。だから日本のドラマ「孤独のグルメ」がものすごく人気になった。「10分で作れる一人メシ」のレシピを動画で紹介するのも流行しています。

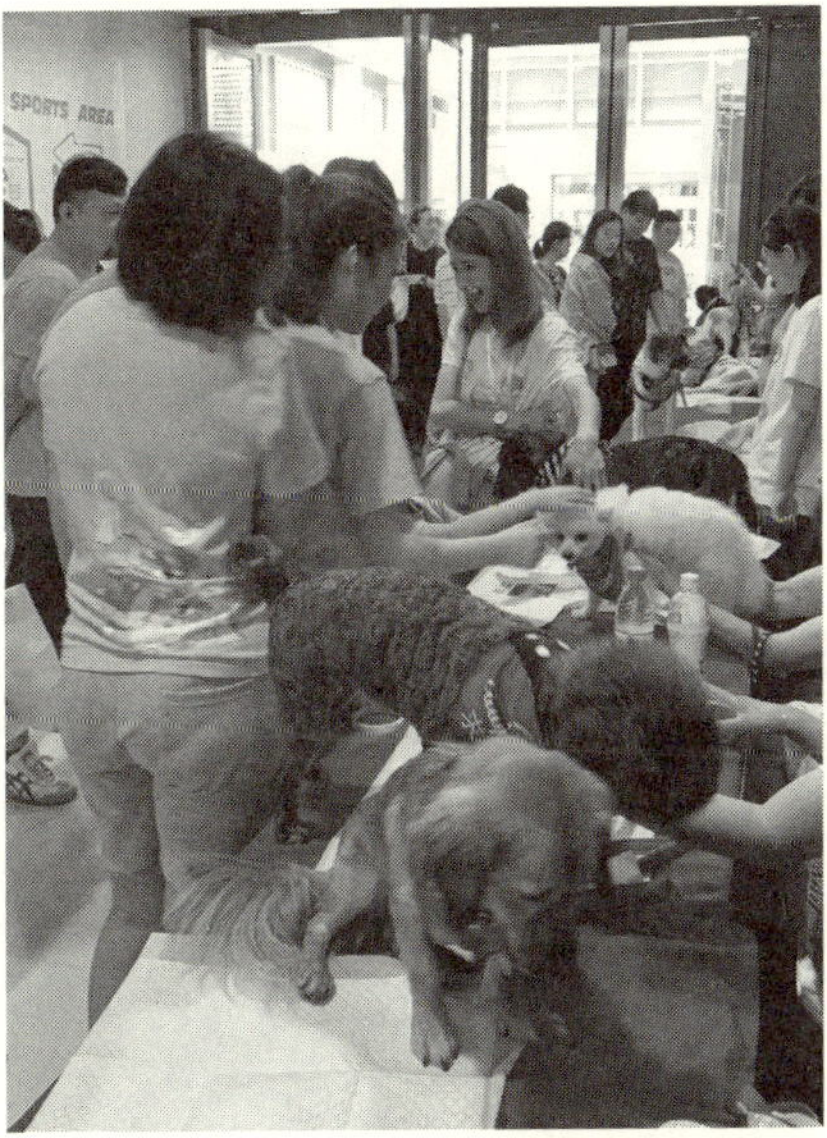

ペットの里親さがしのイベントも増えてきている。上海にて

都会での一人暮らしは、寂しさをともないます。だから旅かえるが人気を呼んだわけですし、ペットを飼う人も増えている。

前作で「日本人はＳＮＳでペット自慢をやるが、中国人はＳＮＳで子供自慢をする」と書きました。でも、たった2年のあいだにペットの投稿が急増した印象をもっています。その多くは八〇後九〇後の若者が書いている。

ＣＢＮデータ（『第一財経』という経済誌のデータ部門です）の統計を見ると、若い人ほどペット消費が多い。２０１７年度に九五後がどれだけ消費したかを見てみましょう。実店舗でペット関連商品を買った割合は、第１四半期が全体の18パーセント、第４四半期が全体の21パーセントです。動物病院での消費を見ると、第１四半期が15パーセント、第４四半期が17パーセントです。

九五後というのは、１９９5年から１９９9年までの5年間に生まれた人たちです。たった5年ぶんの人たちが、ペット消費の5分の1を占めているということです。

実際、猫カフェが繁盛しているだけでなく、ペットホテルやペット専門の葬儀場など、新しいビジネスも盛り上がっています。この世代は一人っ子ですから、親と同居していてもペットを飼うケースも多いようです。

## 雲の上で猫を飼う

いまの中国は猫ブーム。この背景にも、若者たちの生活事情が関係しています。猫は犬ほど大きなスペースが必要ない。トイレのしつけもほとんどいらない。散歩させる必要もない。大都会の賃貸住宅で一人暮らしをする若者にぴったりなのです。

ただ、それでも飼うのが難しいという人は、ネットに活路を見出します。この2~3年で新しく出てきた言葉が「雲養猫《ユンヤンマオ》」。雲とはクラウドのこと。ネット上で猫を飼う、いわゆるバーチャルペットです。

入門編は、みんなが飼っている猫の画像や動画を見て楽しむレベル（ウィーチャットで知り合った人から本物の猫をゆずってもらったり、野良猫の情報をもらったりするケースもあるようです）。

飼った気分になりたい人はゲームをやる。「ねこあつめ」以外にも、育成シミュレーションなど、いろんなゲームがあります。猫カフェの経営者として子猫を育てて売る「猫カフェ」。猫の目線で街をぶらつき歩く3Dゲーム「キャットシム」など。

バーチャルな猫ではなく、本物の猫でなきゃ嫌だという人は、誰かの飼っている猫とビデオチャットしたり、自分の買った服を着せたりできるサービスも始まっています。もちろん、それをビジネスとしてやっている人がいる。

こうしたビジネスでは、ユーザーからの寄付と、ペットフードなどの広告が、2大収入源になっています。人気アカウントになると3000万人ものフォロワーをかかえているのですから、これだけで十分に食べていけます。

面白い投稿がありました。買っている猫の写真をウェイボーにアップして、「いいね！」をもらうのが趣味だった。ところが、愛猫が病気になってしまいます。治療費は5万円もかかって、安月給の自分には荷が重い。そこでウェイボーで寄付を呼びかけてみたら、あっという間にお金が集まった。

この人は「これはビジネスになる」と確信したそうです。そこで猫の数を増やし、おしゃれなグッズで見栄《みば》えも良くして、フォロワーを増やした。内容が単調にならないよう、たまに野良猫の写真もアップしたり、工夫をこらした。その結果、1年で30万元（約480万円）も稼いだそうです。

これは猫に限定された話ではなく、ブタの写真をアップする「全是猪《チュアンシーチュー》」には77万人ものフォロワーがついています。

日本人の感覚だと「そんな商売で食っていけるの?」と思うでしょう。でも、母数が多いぶん、予想外のアイデアがビジネスとして成立しやすい。なにせ八〇後は2・28億人、九〇後は1・75億人、〇〇後は1・46億人もいます。ネット中毒になりやすい世代だけで5・5億人。それだけで日本の総人口の4倍なのです。

だから中国人を相手にビジネスをするときには、日本の発想で考えず、どんなアイデアでもまずは試してみることが重要だと思います。

## 九〇〇〇歳と八〇後のあいだの深い溝

ここまで、主に九〇後の話をしてきたのは、理由があります。ひとつは、八〇後についてはこれまでもこれまでたくさん解説されてきたのに、九〇後についてはほとんど紹介されていないからです(中国でもマーケティング対象としての九〇後の本格的な分析は、始まって間もない感じです)。

もうひとつは、八〇後ともまったく違う世代だからです。九〇後たち自身、そう感じており、「九〇〇〇歳」と自称しています（九〇〇〇歳というのは、万歳《ばんざい》をもじった表現です）。九〇後と〇〇後をセットで考えて、八〇後とのあいだに線を引いている。

前章で、七〇後と八〇後のあいだに存在するギャップが最大だといいました。八〇後と九〇後のあいだのギャップは、そこまで大きくない。でも、「九〇〇〇歳」と線引きするほどの違いを、本人たちは感じているわけです。「私たちは八〇後とは違う」という意識がある。それを「20代～30代」とまとめて語るのは乱暴です。

一言でいえば、九〇後〇〇後は「デジタルネイティブ」なのです。物心ついたときからネットが存在し、当たり前に接してきた。大人になってからネットの世界と遭遇した八〇後とは、感覚的に大きな違いがある。

前作では、スマホで注文するデリバリー、タクシー配車アプリ、シェア自転車、アリペイやウィーチャットのようなモバイル決済など、最近登場したサービスについて解説しました。こうした新サービスも、まずは九〇後が中心となって使いこなすことで、一般レベルまで普及していったのです。

だから、ネットを主戦場とする広告会社やメディアが求人するとき、あるいは一般企業がSNSの運営要員を募集するときは、必ず「九〇後を希望」と条件をつけます。八〇後では対応できないぐらい、SNSの進化が速いからです。

遅れて発展を始めた中国の場合、テクノロジーは飛び級で導入されます。各家庭に固定電話が普及する前に、携帯電話が普及してしまった。家庭への電話線は引かれないままです。同様に、パソコンが普及する前にスマホが普及してしまった。この本で使っている「ネット上」という言葉も、すべてスマホで見ることを前提としています。

スマホが普及し始めたのは2010年ごろからだし、スマホでさまざまなエンターテインメントが楽しめるようになったのは2015年ごろから。九〇後は大学生や高校生です。スマホの創成期からアプリを使いこなし、面白いと感じるものを拡散させてきた。スマホのカルチャーを引っ張ってきた点で、八〇後は及びもつかないのです。

「スマホ依存といえるのは、八〇後で50・5パーセントであるのに対し、九〇後は71・9パーセントにも達する」という記事を読んだことがあります。九〇後は「なにごともスマホ抜きに考えられない」人たちなのです。

九〇後や〇〇後はテレビを見ない世代です。見るとしてもネット上で見るので、広告をスキップしてしまう。従来のテレビCMが通用しないので、企業はテレビCMにかける予算をどんどん削っています。九〇後をターゲットとするなら、これまでとはまた違ったマーケティングが必要になるということです。

## 人の話を鵜呑みにしない

さきほどの仏系をめぐるやりとりを見て、「他人から揶揄《やゆ》されているのに、自分を笑う余裕があるんだなあ」と感じられた読者もおられると思います。自分をネタにして茶化したり、自分に突っこみを入れたり、相対化して見ることができている。日本のネットカルチャーとまったく一緒です。そういう意味で若い人の感性はちかづいてきている。

情報がたくさんあって、その気になれば簡単に得られる。だから、ひとつの考えにこり固まったりしない。親や先生の言葉を鵜呑《うの》みにしない。なるべく自分で考えようとする。そんな印象を、私は九〇後に対してもっています。洗脳したり、扇動したりすることが難しいタイプだということです。

いまだに日本の方から、いわゆる「反日教育」の影響について心配されることがあるのですが、少なくとも上海や北京のような大都会で反日感情をぶつけられることはありません。特に九〇後は抗日ドラマをネタあつかいしており、そのまま鵜呑みにするような人はほとんどいないと思います。

１９８０年代までの蜜月時代のあと、１９９０年代に中国と日本の関係は悪化します。日本のテレビ番組も、中国で放映されなくなった。でも、八〇後も小学生だった１９８０年代は日本アニメで育っていますし、テレビで放映されなくなっても、海賊版のＤＶＤやＶＣＤで、ちゃんと日本の番組を見ていたのです。

いま七〇後八〇後に「１９９０年代のもっとも印象に残るドラマは何ですか?」とアンケートをとったら、必ず「東京ラブストーリー」がトップ3には入ってくる。本当は見られないはずなのに、しっかり見ている。

八〇後だって、１９９０年代の「ドラゴンボール」「ワンピース」「スラムダンク」といったアニメに夢中になりました。鎌倉高校前の踏切はスラムダンクの聖地ですが、いま中国人が押しかけて話題になっている。聖地巡礼者の多くは八〇後だと思います。

これがネット世代の九〇後になると、ビリビリ動画などで、日本アニメは簡単に見られる。ドラマだって、ほぼタイムラグなしに見られます。そうしたコンテンツを通じて、日本人の生活スタイルや考え方をよく知っているわけです。

## ワンノブゼムの日本を選んだ

八〇後と九〇後の文化体験には、かなり重要な違いがあります。八〇後の時代は選択肢が少なかった。映画やドラマといったら日本を連想するぐらい、日本のコンテンツの比重が高かった。

ところが、九〇後の時代になると、ネットを通して世界中のコンテンツが入ってくる。アメリカ映画も普通に見られるようになったし、2000年代に入ると韓国のコンテンツが氾濫するようになった。

八〇後にとって日本は特別な存在でも、九〇後にとってはワンノブゼムにすぎない。そんなあふれる情報のなかで日本のコンテンツを選ぶというのは、かなりコアなファンなのです。そんなお客さんは大切にしないといけません。

まあ、仏系の九〇後にとって、「旅かえる」的な日本の「ゆるい」文化は心地よいはずです。中国の学校では競争競争の毎日です。息を抜くひまがない。彼らは日本のアニメを見て、日本の学校には「学園生活」なるものがあることを知り、うらやましく思う。

だから京都アニメーションの放火事件のときも、「これは全人類にとっての損失だ！」とか「小学生のころから京アニの思い出とともに育ってきたのに」とか「心が痛い。それしかいえない……」とか、悲鳴がネット上にあふれた。

面白いのは、まだ真相がよくわからない事件直後から、いかにして支援金を送るかという話題でSNSが盛り上がったことです。中国から海外に送金するのは、いろいろと面倒くさい。金額が大きすぎると当局のチェックも受けます。結局、京アニのネットショップでグッズを買う形にする（商品は受け取らない）か、アメリカのファンドがやっている募金に寄付するのがベストだ、という結論になったようです。

なお、THAAD（高高度ミサイル防衛システム）問題をめぐって中韓関係が悪化し、韓流コンテンツの中国への流入が激減しています。日本のコンテンツがかつての勢いを取り戻すには、こんなチャンスはありません。日本の芸能界にとっても、これからは中国が大きなマーケットになってくると思うのです。

## 文化の香りのするものが好き

日本の草食系男子は自動車に興味がないとか、海外旅行に興味がないとか、よく話題になります。昔の若者よりモノを買わないと。

中国の仏系は、恋愛に消極的な点は同じでも、物欲はある。実は、もっともモノを買っているのが、この世代なのです。やはりデフレが長く続いた社会かどうかで、消費マインドは変わってくる。

ただし、消費の形が、前の世代とかなり違う。ガツガツしていない。モノがあふれ返った世界で育ったからです。その気になれば何でも自分で調べられますから、海外の商品事情にもくわしい。だから「誰でも知っているメジャーなもの」の価値が低い。

中国人の大好きなブランドもので考えてみましょう。ルイ・ヴィトンもクリスチャン・ディオールもシャネルも、中国に上陸したのは1992年です。欧米の有名ブランドが中国に入ってきたのは、1990年代から2000年代にかけてなのです。

私たち七〇後が大人になったころ、こうした有名ブランドは中国にありませんでした。モノがないので渇望感が生まれるし、もっていたら人に自慢できる。だから七〇後には有名ブランドが大好きな人が多いのです。

一方、八〇後の感覚でいうと、ルイ・ヴィトン、シャネル、グッチといったクラシカルなブランドは「おばさんがもつもの」というイメージがある。それでは差別化できない。なので、川久保玲のコム・デ・ギャルソンのようなニッチなブランドに走ったり、あるいは無印良品のような方向に走ったりする。

ところが九〇後になると、もうそれすら自慢のネタにならない。せめて１９９４年にニューヨークで生まれたストリート系ファッション「シュプリーム」ぐらい目新しくないと、個性を打ち出せないのです。シュプリームの最新の商品は香港や韓国では入手できないということで、東京・銀座まで買いにくる人が少なくありません。

日本のブランドでは「ビズビム」が人気です。これも２００１年に生まれた新しいブランドで、最初は靴、そこから服やアクセサリーもあつかうトータルブランドに成長した。表参道に直営店がありますが、ネット上のＫＯＬ（キーオピニオンリーダー）である「網紅《ワンホン》」た

「飛躍」人気の高まりで、アメリカの「マーベルコミック」とコラボした商品まで登場した

ちは「日本に行ったら買わなきゃいけないブランド」のひとつに選んでいます。

ジャケットは10万円以上、シンプルなTシャツでも5万円ちかくしますから、かなり高価です。しかも、年配の方はビズビムの名前も聞いたことがないはず。目の前の若者が着ているTシャツがまさか5万円もするとは思いもしないでしょう。そこが格好いい。知る人ぞ知る商品に大きなお金をつかう。これが九〇後の消費なのです。

九〇後にとっては有名ブランドそのものが恥ずかしいのです。七〇後の感覚と違い、それは「あふれる商品のひとつ」にすぎないからです。そこで限定品にこだわる。世界に100足しかない靴を、わざわざ原宿まで買いにきたりします。1足5万円とか10万円もするスポーツシューズを買うために日本へ来るわけです。

高いものばかり選んでいるわけではありません。コンバースのようなレトロなスニーカーも人気です。30年前、中国には国産の「回力《フイリー》」とか「飛躍《フェイユエ》」とかいったスニーカーしかありませんでした。それがいま、「逆におしゃれじゃん」と人気を呼んで、専門店が出たりしている。日本でいうところの、オニツカタイガーの復刻版です。

九〇後はそういう形で、他人との違いを出していくのです。彼らを見ていると、中国の消費文化もだいぶ成熟してきたなあ、と実感します。

## もっとも本を読むのが九〇後

最近、九〇後に人気が出たのは、北京の故宮博物院とロレアルがコラボして作った口紅です。日本の方からすると「なんで博物館が口紅?」と首をかしげるでしょうが、積極的に企業とコラボして、収益を上げようとしているのです。こうした「文化の香りのするもの」だと差別化できるということで、若者にウケた。

故宮博物院の口紅はマーケティングの成功例として紹介されることが多いのですが、こうなると、ほかのミュージアムも追随します。蘇州博物館、西安にある陝西省歴史博物館、北京の頤和園《いわえん》なども、おしゃれなミュージアムグッズで成功しています。

最近は大英博物館までがミュージアムグッズをアリババのＢｔｏＣサイト「天猫（Ｔモール）」で売り始めました。

実は九〇後というのは、知識に対してお金を払う世代なのです。英語アプリをはじめとした学習アプリのメインユーザーもこの世代です。

面白いのは、本もよく買っていること。通販サイト「当当《ダンダン》ネット」が集計した２０１８年の書籍市場データがあります。誰が本を買っているのか？　41歳以上が10・8パーセント、36〜40歳が17・9パーセント、31〜35歳が19パーセント、24〜30歳が35・6パーセント、23歳以下が16・7パーセント。

なんと九〇後がダントツで多い。30歳以下だけで半分を占めます。高齢者のほうが本を読む日本とは違い、中国では20代がもっとも本を買っている。興味のある分野に関しては投資を惜しまない世代なのです。

私たち七〇後の感覚でいえば、中高時代は勉強一色で、それ以外に何もなかった。日本の学校のような部活もありませんでした。会社に入ってからだって、仕事仕事の毎日だった気がします。だから、あまり趣味というものをもたない人が多い。八〇後も、七〇後ほどではなくても、それにちかいところがある。

それに対して九〇後は10代のころから趣味をもっていたり、好きなことで仲間とつながったりしている。オタクっぽくて、一人でいるのが好き。自宅でネットゲームをしたり、ネットショッピングを楽しんだりし、食事はデリバリーでとります。家に引きこもっている。インドア派なのです。

でも、友達がいないわけではなくて、趣味を通じた仲間とはネットでつながっている。一人だけど孤独ではない。彼らのことをよく「独而不孤《ドゥアープーチー》」と表現します。アローン・バット・ノットロンリーといったところでしょう。

七〇後の時代には趣味もネットも存在しなかった。もうまったく別世界の人間という感じがします。

## なぜ「スラッシュ族」になるのか

自分の興味があることには、とことんお金と時間を使う。しかし、興味がなければ、これまでの社会の常識にとらわれることがない――。それが九〇後です。

九〇後を指す言葉に「スラッシュ族」があります。パソコンで使う「／」のことです。彼らはひとつの仕事にこだわらない。複数の仕事をやりたがる。

たとえば、昼間は会社で働いて、夜はカフェを経営する。「会社員／カフェ経営者」です。ふだんはお店で働いているけれど、週末だけはウェディング専用のカメラマンをやる。「店員／カメラマン」です。2枚目の名刺は、翻訳家とかイベントの司会者とか、さまざまですが、そんな生き方を理想としている。

これも仏系になったのと同じ理由だと思います。高度経済成長期のように、会社で頑張って働けば、必ず昇進できるということが少なくなった。努力したって、結果はあまり変わらない。「それなら、もうひとつ、会社とは違う軸をもっておこう」と考えるのも、わからないではない。

実際、親が複数の家をもっていると、その1軒をカフェとして使わせてくれたりする。改装費はかかっても家賃はかかりませんから、気軽にカフェを始められる。そういう点でも恵まれた世代なのです。地方から大都会に出てきて、自分で家賃を払っている人がスラッシュ族になれるかというと、なかなか難しいかもしれません。

## 簡単に会社を辞める連中だ

逆にいうと、会社に対するロイヤリティが飛び抜けて低いのも九〇後なのです。「すぐ会社を辞める連中だ」という評価は確立されている。

外国資本の高級リゾートホテルの関係者が、嘆いていたことがあります。中国人社員たちによりレベルの高いサービスを身につけさせようと、わざわざ本社に送って、何カ月間ものの海外研修を受けさせる。ところが、帰ってくるやいなや、別の五つ星ホテルに引き抜かれてしまうというのです。

中国人はそもそも転職に抵抗がありません。「自分を高く評価してくれるところに移るのは当然でしょ」と発想する。さすがにこれだけ長期間の研修だと「会社に申し訳ないな」と感じる人もいるでしょうが、会社にロイヤリティをもたない九〇後は、そんなことも考えない。給料が高いほうへ簡単に転職してしまうのです。

こうなると、どこのホテルも研修には二の足をふむことになります。どんどんサービスが低下していく。「なんで五つ星ホテルなのに、この程度のサービスなんだ！」と怒るお客さんも増えていく。悪循環です。

中国の会社は中途採用が基本です。日本のように新卒で一斉採用し、ていねいに研修をやって一人前に育てようなんて発想をしない（最近は新卒採用に力を入れる大手企業も増えていますが）。お金をかけて育てたとしても、自分が一人前になったことを武器に転職してしまうわけですから、「それなら即戦力を連れてこい」という結論になるのは当然かもしれません。

BAT（百度、アリババ、テンセント）といった一流企業が「すぐ辞めてしまう若者たち」を引き留めるために、どんな工夫をしているかという話は次章でしたいと思います。少しでも残業させるためのインセンティブまで用意している。

ただし、それが彼らの心にひびいているかどうかは、微妙なところです。「知乎《チーフー》」という有名なアプリがあります。日本でいえばヤフー知恵袋のような存在で、ユーザーが質問し、不特定多数のユーザーがそれに答える。

ちょうど996が騒がれていた時期です。「あなたにとって、いい会社の条件とは何ですか？」という質問が出ました。給料が高いとか、昇進が早いとか、やりがいがあるとかいった答えに混じって、こういう回答もあって支持を集めていました。

「深夜になったらタクシー代を払ってくれるとか、食事を出してくれるとか、オフィスに遊ぶスペースがあるとか、そういう福利厚生って、結局は俺たちを少しでも長く働かせるための会社の計略なんだ。毎日、深夜に帰宅して、家族とすごす時間が1時間じゃあ、なんの意味もない。僕が欲しいのは『自分の時間』のほうだ！」

回答者の属性ははっきりしませんが、アプリの利用層を考えると20代なのでしょう。九〇後の価値観がすごく鮮明に見える回答だと思います。

上の世代のようなガツガツした生き方は恥ずかしい。ほどほどでいい。人を押しのけてまで、上を目指そうと考えない。人と争うなんて、みっともない――。そんな価値観なのです。

## ショッピングモールは店員のほうが多い

さて、九〇後はデジタルネイティブですから、ネット通販に対する心理的垣根も低い。百度が2018年に調べたデータでは、九〇後は実店舗よりネットのほうで買い物をしていることがわかります。

実店舗で買うのと、ネットで買うのを比較すると、九〇後は49：51で、この世代だけがネットで買うほうが多い。一方、八〇後も七〇後も67：33で、実店舗のほうをより多く利用しています。

上海・北京のような便利な大都会であっても、実店舗で買い物する機会が減っている。日本でいうビックカメラのような家電量販店も、非常に苦戦しているようです。各地のショッピングモールの多くは、レストラン街を除いてガラガラです。お客さんより店員のほうが多い。

テナント料の高い高級ショッピングモールに入れるのは、資金力のある高級ブランドだけです。だから、どこのショッピングモールに行っても似た印象で、魅力がない。しかも、その高級ブランドにしたって、香港や日本の店より品ぞろえが少ないし、値段も高い。「いったい誰がここを利用するんだろう？」という感じなのです。もはや商品のショールームとしての役割しか果たしていない。

大連万達《ワンダ》グループは不動産業でスタートし、中国各地に大型ショッピングモール「万達広場」を展開してきました。ショッピングモールといえば万達という存在なのです。ところが、このビジネスモデルがうまくいかなくなってきており、アメリカの映画会社を買収するなど、別の事業に軸足を移そうとしています。

もはや買い物はネットでやる時代なのです。この変化のスピードは、日本より圧倒的に早い感じです。

## お金をつかおうよ！

中国最大のネット通販業者はアリババですが、ふたつのモールがあります。「淘宝（タオバオ）」というのが、ヤフーオークションのようなCｔｏCサイト。「天猫（Tモール）」というのが、楽天市場のようなBｔｏCサイトです。当初は淘宝のほうが盛り上がっていましたが、どんどん天猫に人気が移ってきた。

この背景には、悪徳業者を排除したことや、商品到着後7日までは返品を認めるようになったこと、ユーザーによる評価システムを充実させたことがあります。だから、大都会の人間ですら、ネットで買い物をすませるようになった。

さらに大きいのが「花唄《ホアベイ》」という金融サービスの導入です。料金あと払いで、商品が買える。アリババ以外では使えないクレジットカードと考えてもらえばいいでしょう（その後、アマゾンや携帯電話の小米《シャオミ》、家電メーカーのハイアールなど、徐々にいろんなオンラインショップで使えるようになってきています）。

かつて中国では審査がきびしく、なかなかクレジットカードが作れなかったのです。それが若い人でも簡単に料金あと払いで買い物できるようになった。ネット通販が爆発的にひろがるうえで、花唄の役割は大きかった。

花は「つかう」という動詞。唄は接尾語で、「〇〇しようよ」みたいな呼びかけです。若者に「お金をつかおうよ！」と呼びかけているわけですが、これが九〇後の価値観にピッタリ合ったということでしょう。

もちろん、業界2位の京東も追随しました。すでに「京東白条《ジンドンバイティアオ》」という決済サービスを始めています。いまや「消費が先、お金はあと」が主流になっているのです。

九〇後がもっともネットでお金をつかう人たちであることは、前章で見ました。だからアリババの前CEOであるデビッド・ウェイも、「九五後が理解できないと、企業の未来はない」と発言しています。九〇後的として紹介してきた特徴の、もっとも先鋭的な部分が九五後に出ているからでしょう。

個性を打ち出すために、洋服にもっともお金をかけているのも、九〇後の若者たちです。

2017年に天猫国際で九〇後の女性たちが何を買ったかを見ると、モスキーノ、ロエベ、マルニ……。やはり有名ブランドではなく、とんがったものを好んでいる。

ただし、安くはない。日本人の感覚でいうと、若者がもつというより、東京・白金のマダムがもつようなセレブ感あふれるブランドです。値段の高いものを、まだ20代の若い女性が買っている。

さすがに20代では、そんなに給料はもらっていないでしょう。でも、いくら値段が高くても、欲しいものをあきらめるつもりはない。そんな九〇後の価値観をサポートしているのが、花唄の存在なのです。

## 独身の日から我愛你の日まで

花唄が一気に普及した背景には、もうひとつ理由があると思います。「独身の日」のようなバーゲンセールは、もう0・1秒を争う世界です。人より先に商品を確保し、次の買い物に向かわないと負けてしまう。だから、決済はワンタッチのほうがいい。手元にお金がある人でも、花唄で買うほうがバーゲン時は有利なのです。

日本では11月11日の独身の日ばかり紹介されますが、ほかにもさまざまなバーゲンセールがあって、それぞれに盛り上がっています。

まずは独身の日ですが、1という数字が独身をイメージさせることから、そもそもは1993年に南京大学の学生たちが始めたイベントだったそうです。この日にパーティをひらいて結婚相手をさがしたり、意中の人にプレゼントを贈ったりした。

そこに目をつけたのが、アリババのジャック・マーです。2009年から、この日にバーゲンセールをやることにした。2018年の独身の日、天猫はなんと2135億元（約3・4兆円）を売り上げました。楽天市場の1年間の売上が1・1兆円ですから、たった1日でその3倍を売り上げたことになります。

独身の日の予想以上の大成功で天猫ファンが増えたのは良かったのですが、淘宝の客数が減ってしまったので、肩入れするために2012年から始めたのが、12月12日の「ダブルトウエルブ」です。近年のデータは発表されていませんが、2015年の売上は912・2億元（約1・5兆円）でした。

アリババの大成功に刺激を受けて、ライバルの京東が2010年から始めたのが、6月18日の「京東の日」です。会社の設立記念日にバーゲンをやることにした。

当初は6月18日の1日限定でしたが、最近は3週間ぐらいにわたってバーゲンセールを開催しています。2019年6月1日から18日までの売上は2000億元（約3・2兆円）ですから、こちらもすごい。

消費者主導で始まったのが、5月20日の「我愛你《ウォーアイニー》」です。520《ウーアーリン》の発音が我愛你（アイ・ラブ・ユー）に似ていることから、日本でいうバレンタインデー的な「告白の日」として若者のあいだで広がり、またたく間に定着しました。

男性が愛を伝えるために花やプレゼントを贈るので、この日にかけて大きなお金が動く。各社も重要な商戦シーズンだと位置づけて対応しています。

## 花唄はまだ歯止めがきく

こう紹介してくると、もう1年中、「これを買え」「お金をつかえ」とはやしたてられているようなものです。手元にお金がなくても買い物ができる状況に慣れた結果、ネットローン地獄におちいる若者が続出し、社会問題になっています。

花唄の場合、まだ歯止めがきくのです。アリババの個人信用スコアと結びついているからです。「芝麻《ジーマ》（ゴマ）信用《シンヨン》」といって、この信用スコアが高ければ、シェア自転車のデポジットが不要になったり、銀行でローンを借りるときに有利だったり、特別な商品を買うことができたりと、さまざまな特典がある。婚活サイトに登録して結婚相手を紹介してもらうときだって、スコアが高いほうが有利です。

中国は、日本では考えられないほどのスマホ社会です。スマホがなければ、タクシーひとつ乗れない。社会インフラになったスマホが使えない事態になると、日常生活そのものが崩壊してしまいます。だから、花唄の99パーセントは期限内に返済されているそうです。信用スコアを下げるような行動はとりにくい。

ところが、いわゆる消費者金融では、こうした歯止めがききにくい。中国には4000を超えるネットローンのプラットフォームがあって、その利用者の半分以上が九〇後なのです。身分証明書さえあれば、誰でも5000元（約8万円）から1万元（約16万円）ぐらいは、すぐに借りられる。

サラ金の事務所に借りにいくとしたら、二の足をふむ人もいるでしょう。でも、ネットローンはスマホで借りられる。親指1本の世界だから、最初の一歩をふみ出す心理的抵抗がきわめて小さいのです。

返済できなくて、次の業者で借りて借金を返し、また返済できなくて、次の業者に借りて借金を返す。その結果、借金が雪だるまのようにふくらんでいく。いわゆるサラ金地獄というやつで、自殺者も出る騒ぎになっています。

上海・北京のような1級都市ではなく、2級・3級ぐらいの地方都市で騒ぎが大きくなっているのは、理由があります。地方の中心都市の大学に、農村出身の若者が入ると、都会人との格差に衝撃を受けます。スマホすらもっていない自分、化粧などしたことのない自分が恥ずかしくなる。そこで、消費者金融から借りてまで消費してしまうのです。

大都会の若者が同じ事態におちいったとしても、不動産バブルに乗った親が助けてくれます。所得レベル以上の生活をしているのは親自身も同じですし、借金地獄で自殺するほどの騒ぎにはならない。でも、そうしたバックアップを受けられない若者たちは、自分で責任をかかえこむしかない。

負債をかかえてまで生活を楽しむ九〇後には、「負豪《フーハオ》」というニックネームまでつけられています。古い中国人の感覚をもっている七〇後から見ると、「もう同じ中国人とは思えない」といったところです。

# 第　3　章

# 「美容整形するなら日本で！」

## 「門当戸対」から「有車有房」へ

「○○さん、ついに結婚するらしいよ。でも、お相手の男性は賃貸住宅に住んでいるらしいんだよねえ……」

そんなことがママさんたちのランチの話題になるぐらい、男性が家をもっていることが、中国では結婚の大きな条件になっています。

中国語では「有車有房《ヨウチャーヨウファン》」といいます。自動車と家をもっている。実は、有車有房が結婚の条件になったのは、そう古いことではないのです。

かつては「門当戸対《メントゥフートゥイ》」ということがいわれました。門も戸も、家の格式のこと。当や対は、同程度という意味です。家庭環境や生活水準、育ちや価値観が似ていることが、まずは結婚の大前提とされたのです。

1990年代ですら、地方から出てきた男性が、上海や北京の女性と結婚するなんて、ちょっと考えられなかった。親が猛反対したのです。中国全土を人が行き来する時代を、親の世代は生きていません。北京の女性は、北京の男性と結婚するのが当たり前だった。都市戸籍と農村戸籍の違いがあって、配給の問題にもかかわっていたからです。

いまは本人たちが納得すれば、どこ出身の人とでも結婚できるようになった。ただし、そのために生活力がより要求されるようになった。だから「家をもっているかどうか」が、これだけうるさくいわれるようになったのでしょう。

## 鳳凰男はなぜ離婚するのか

ごく最近になって、プライドの高い上海や北京の親たちが、逆に娘を喜んで結婚させたいと願う地方出身者も登場しました。「鳳凰男《フェンファンナン》」です。フェニックスマン。地方出身者ですから、基本的に家はもっていません。でも、将来性がある。

では、彼らは会社でどのような待遇を受けているのか？　プチ富裕層のふところ具合をさぐりながら、なぜ離婚が増えているのか、女性の購買力がどうしてこんなに高いのかといった問題を、この章では考えたいと思います。特に女性の消費動向を追うので、日本のインバウンド関係者にとってもビジネスのヒントになると思います。

鳳凰男に厳密な定義はないのですが、私のイメージでは、こんな感じです。

地方の出身者で、必死に勉強して大都市の一流大学に進学。卒業後はBAT（百度、アリババ、テンセント）のようなIT系や、金融系の一流企業に就職。入社して5年ぐらいたてば年収1000万円を当たり前にもらう男性たちです。

日本にもかつて「3高」という言葉があったそうですね。結婚相手に対しては、高学歴、高収入、高身長を求める。中国の場合、ルックスはさほど重視しません。でも、収入は何より重視する。

鳳凰男は離婚するケースが多い印象があります。結婚した当初は、二人だけの生活だからいいのです。鳳凰男も都会のマナーや生活スタイルを身につけている。でも、子供が生まれると、中国では祖父母が面倒をみるのが一般的です。田舎から鳳凰男の両親が出てきて、風習の違いでもめることも少なくない。

実際、知り合いの日本人女性も、これが原因で鳳凰男と離婚しています。日本では1日に3回も赤ちゃんをお風呂に入れたりします。ところが、中国の田舎、特に水が貴重な地域では、1週間に1回が常識だったりする。こうした違いが積み重なって喧嘩のもとになり、うまくいかなくなるケースもあるわけです。

それにしても、20代で年収１０００万円はすごい。そこで、ＢＡＴの給与体系や福利厚生について、ちょっと調べてみました。プチ富裕層がどのぐらい稼いでいるか見えれば、彼らの消費力の秘密にせまれると考えたからです。

## 自社株だけで１６００万円

まずはアリババです。非常に若い会社ですから、八〇後と九〇後で社員の89パーセントを占めます（２０１６年時点）。エリートの八〇後や九〇後がどれだけ給料をもらっているのか知るには最適の会社でしょう。

初任給は年収15万元（約２４０万円）のスタートで、ボーナスはマックスで６カ月ぶん。９割の人は３カ月ぶんもらっているそうです。合計すると、だいたい19万元（約３００万円）ぐらいということになります。

日本の感覚では安いでしょうが、中国の感覚だとかなり高い。ホワイトカラーの平均年収の倍だし、アリババ本社がある杭州市は物価も安いからです。とはいえ、初任給の数字だけ見ると、フェニックスと呼ぶにはもの足りない感じがします。

実は、すごいのは給料以外の部分なのです。アリババ社員は等級が上がると自社株がもらえる。2000株を4回に分けてもらうそうですが、100万元（約1600万円）相当というから、かなりの額です。株価はさらに上がり続けているので、すごい利益になる。優秀な人なら2~3年でこの等級に上がるとのこと。

百度も同様に年収14万元（約225万円）からのスタート。ただし、昇給率がものすごい。3年間働くと、最高で3倍の45万元（約720万円）ぐらいになる。最低でも23万元（約370万円）です。すぐ辞める人が多いので、低くスタートして、長くつとめればつとめるほど得をするシステムにしているのでしょう。

百度の場合も、等級が上がると自社株をくれます。これが30万~40万元（約480万~640万円）ぐらいになる。こちらも、優秀な人ならだいたい3年でこのクラスに到達するそうです。

テンセントも年収10万元（約160万円）からのスタートで、ボーナスは3カ月ぶん。3年以上働くと300株がもらえるそうです。

中国は競争社会ですから、給料もみんなで一斉に上がるわけではありません。猛烈に上がる人と、ほとんど上がらない人がいる。激しい競争を勝ち抜いて、入社5年目で1000万円を稼ぐようになったのが鳳凰男なのです。若くして能力が認められたわけで、このあと彼の給料はさらに上がっていくことでしょう。

BATには地方出身者が多いイメージを私はもっています。当然、家なしですが、こうした一流企業では住宅のケアもしてくれます。アリババだと、本社のそばにマンションをたくさん建てて、社員には相場の4割引きで提供している。

さらに、マンションを買うときには30万元(約480万円)を無利子で貸してくれる。上海や北京だと30万元では十分でないのですが、杭州の中心部から離れた場所なら、十分、頭金になる。アリババほど信用のある会社につとめていれば、銀行も喜んで住宅ローンを組んでくれるでしょう。

テンセントの本社は深圳ですから、不動産はありえないほど高騰している。頭金を会社で出そうが、いまから家を買うのは無理です。そこで、賃貸住宅を借りる社員向けに、毎年20万円ぐらいの補助を出しているそうです。

## 私たちは「阿里人」だ！

ジャック・マーは「阿里人《アリレン》」という言葉をよく使います。アリババ社員としての愛社精神をもってほしいのでしょう。

だから、年末のパーティでは必ず仮装して歌を披露したりして、社員との一体感を作り出そうと懸命になっている。

前章でもふれましたが、中国人は会社へのロイヤリティが低い。転職するのが当たり前なのです。ずっと会社にいるような人は、逆に「転職もできない無能なやつ」とネガティブに評価されかねない。

だから、転職率がものすごい。3年も同じ会社にいたら、もっとも古株という感じなのです。平均退社年数がどんどん短くなっており、リンクトインの統計では、八〇後九〇後は平均2・5年しか会社にいません。平均で2・5年ということは、1年や半年で辞めてしまう人がざらにいることを意味しています。

そこでアリババでは、いかに会社に愛着をもってもらい、「私は阿里人だ！」と誇りをもってもらうかに知恵を絞っている。

たとえば、社員が結婚するときは、会社主催でグループ結婚式をやって、ジャック・マーが仲人をつとめる。結婚5年目には4000元（約6・4万円）もするプラチナの指輪をプレゼントするそうです。

社員だけでなく、その家族にもアリババを好きになってもらおうとしており、「カーネーション・プロジェクト」も始めました。社員の健康診断だけでなく、その両親の健康診断にもお金を出すのです。

前作で解説したように、中国人の最大の悩みは病院。ものすごく高額の医療費を出すか、すさまじい待ち時間に耐えるか、2択をせまられる世界なのです。病気になってさえそうなのですから、健康診断を大変な思いをしてまで受けようとは思わない。

アリババは100都市にある病院と提携しているので、両親はその病院を予約して使える。しかも、診察料を負担してくれる。

ここまでしてもらうと、さすがに愛社精神をもたざるをえないでしょう。統計はないのですが、アリババの退職率は他社より低い可能性があると思います。ジャック・マーは「4倍の給料を出しても、阿里人は引き抜けない」と豪語していますが、あながち誇張ではないのかもしれません。

## 残業した人には夕食が無料

アリババに限らず、有名企業はどこも福利厚生に力を入れています。いかに若い人たちを引き留めるか。それが最大の課題だからでしょう。

正直、「ここまでしないとダメなのか」と笑ってしまったのがテンセント。社員に残業してもらうために、さまざまな工夫をしているのです。

終業時間は午後5時半ですが、会社の送迎バスが出発するのは6時半です。なぜか終業してから1時間もバスを出さない。

夜8時まで残っていた人には、無料で夕食が出ます。さまざまな有名レストランから出前をとってもらえるのです。夕食を食べてすぐ帰る社員もいるでしょうが、少なくとも2時間半は残業してもらえるという計算でしょう。

さらに夜10時まで働けば、タクシーで帰宅できる。テンセント本社は深圳の中心地にあるので、地下鉄を使うのもバスを使うのも便利です。とはいえ、疲れた体でタクシー帰宅はかなり魅力的ではないでしょうか。

テンセントの本社は近代的なツインタワーで、レストランも充実しています。あの手この手で会社の魅力を高めているのでしょう。

日系企業の上海駐在員の方から、よくこんな言葉を聞きます。

「20年前に初めて中国進出したときは、『社会主義国に来たんだなあ』と実感したよ」

夕方６時になったら、オフィスには誰もいない。社員はみんな定刻で帰ってしまうのです。残っているのは社長である自分と、自分の運転手だけ。そこから会合の予定でも入れようものなら、運転手から露骨に嫌な顔をされたのだと。

１９９０年代ですら、まだ古い時代の感覚が残っていた。国民全員が公務員だった時代には、そもそも残業という概念もなかったのです。

そしていま、九〇後たちが残業を嫌がるようになっている。そういう意味では、自分の時間を削って働き続けてきた六〇後七〇後八〇後のほうが、中国の歴史のなかでは珍しい存在なのかもしれません。

## なぜ離婚が増えているのか

この章は結婚の話から始めたので、離婚の話もしておきましょう。

実は2003年から16年連続で、中国の離婚率は上がり続けています。婚姻件数のほうは2014年から減り続けているのにです。

2018年のデータでは、婚姻件数が1011万組、離婚件数が380万組ですから、2・5組に1組ちかくは離婚していることになる。日本では3組に1組ですから、それを追い抜いてしまった。

なぜ2003年から離婚が増え出したかについては諸説ありますが、よく冗談半分に解説されるのが、「わがままな一人っ子の八〇後が結婚する年齢に達したから」。誰もが「なるほどね！」と膝を打ってしまう説明です。

ただ、実は離婚は七〇後のほうが多いのです。古い世代は「離婚は悪いことだ」という価値観をもっています。「これから先の長い人生を考えたら、離婚も選択肢のひとつになる」と考えるようになったのが、七〇後からなのです。

ただ、七〇後が離婚する理由は、八〇後ともまた違うように思います。中国では、日本と比べものにならないぐらい、子供の教育を重視します。子供が高校生や大学生になって手がかからなくなった年代が、七〇後なのです。

日本でも「子供も手を離れたし」というフレーズはよく耳にします。でも、たいていの場合、奥さんは、旦那さんが退職するまでは辛抱する。だから、熟年離婚が増える。離婚にふみきるきっかけは同じなのに、時期が違うのは、もちろん理由があります。

ひとつは、中国には退職金が存在しないこと。退職時にドカンともらうのではなく、退職後も給料をもらい続けるのが一般的なのです。だから、旦那さんの退職金ねらいで定年まで辛抱する意味がない。

もうひとつ、中国では女性も働くのがデフォルトだということがあります。旦那さんの給料に頼らなくてもやっていける。基本的に男性が女性へ慰謝料を支払う習慣がないので、やっぱり辛抱する意味がない。耐えられなくなったら、早めに離婚してしまうほうが賢い、というわけです。

さきほど鳳凰男がどんな給料をもらっているかを説明しましたが、べつにあれは男性だけ

ワイン学校「Happy Vino」には女性セレブが集まる。テイスティングイベントにて

の雇用条件ではありません。女性だってＢＡＴに入れば、まったく同じ待遇を受けられる。鳳凰女という言葉がないだけです。日本の女性より生活力がある。

実は、この部分も、あまり日本人に理解されていない。歳をとった人のほうが社会的地位は高いと考えるのと同様、女性より男性のほうが社会的地位が高いと考えてしまう。そんなことはありません。女性経営者として、ものすごく稼いでいる人がざらにいます。

ビジネスで日本をおとずれた中国人の女性社長から、こんな言葉を聞いたことがあります。

「日本人って、なぜか私をスルーして、部下の男の子のほうと先に名刺交換しようとするのよお。あれはどうして？」

知らないとはいえ、やはり失礼なことをしている。

高い社会的地位につき、大金持ちの女性はたくさんいます。だから、日本に旅行で来たときも、平気で大きな買い物をするのです。

## 男性は会社を大きくする、女性は会社を良くする

アリババの福利厚生について調べるうち、気がついたのは、非常に女性の働きやすさをケアした会社だなあということ。メディアで「女性の働きやすい会社」と紹介されているのを見たことがないので、私にとっても意外でした。

アリババは女性の多い会社です。社員の半分以上が女性で、高級管理者の34パーセントが女性だそうです。

そもそも1999年に会社を立ち上げたとき、18人の創業メンバーのうち6人が女性でした。現在、パートナー（中核幹部）が36人いますが、そのうち12人が女性です。会社のトップも3分の1が女性で占められている。

ジャック・マーがよくいうのは「男性は会社を大きくする、女性は会社を良くする」。女性にしかできない仕事がある。特にネット通販というのはサービス業ですから、女性の感覚が欠かせないというのです。

996を支持した人ですから、部下にすさまじい量の仕事をさせているはずです。でも、しっかり働かせる一方で、女性社員にはどんどん子供を産んでほしいとも考えている。そこで、オフィスに授乳室や、妊婦の休憩室をたくさん作っています。20〜30人に1部屋ぐらいの割合で存在する。

アリババが経営する幼稚園もあります。これはアリババ社員の子供だけが通う幼稚園ではないものの、社員の子供も通えます。ジャック・マーはもともと大学で英語を教えていた先生ですから、教育には興味がある。

アリババでもっとも有名な女性といえば彭蕾CEO（最高経営責任者）。2015年にはアメリカの経済誌「フォーブス」で「世界でもっとも影響力のある女性」の一人にも選ばれています。

彼女は創業時からのメンバーで、当初は人事をやり、のちにアント・フィナンシャルという金融部門をまかされた。モバイル決済サービス「アリペイ」も「花唄」も彼女の仕事です。個人信用スコア「芝麻信用」も彼女の担当ですから、アリババのもっとも革新的な部分をになっているのが女性なのです。

彼女のような人間が上にいると、女性が働きやすい職場にしたり、優秀な女性を引き上げたりしてくれる。有名なのは、いまやアリババCOO（最高執行責任者）をつとめる彭翼捷。もともとは会社の受付嬢だったのですが、彭蕾に抜擢されてトップまで駆け上がった。

## 中国初の卵子凍結ファンド

オンライン旅行会社「シートリップ」も女性が多い会社です。

日本ではまだ知名度が低いかもしれませんが、年間5000億円ちかく売り上げるアジア最大の旅行会社で、アメリカのナスダック市場に上場しています。会員数は3億人を超え、訪日中国人の半分はこのサイトの利用者です。

まさにガリバー級の旅行会社ですが、なんとCEO、COO、CFO（最高財務責任者）というトップ3人がすべて女性なのです。

社員も61パーセントが女性です。女性が高級管理者に占める割合は34パーセント、中級管理者に占める割合は50パーセント程度だそうです。

シートリップの女性管理者は「金剛バービー」と呼ばれています。金剛力士のように強く、バービー人形のように愛嬌がある。いわゆる「外柔内剛」というやつで、女性らしい細かい気配りを忘れないものの、企業人としてのファイティングスピリットももっている。

だから、彼女たちが働きやすいよう、出産には手厚いサポートをしています。妊娠期間中はタクシー通勤させてもらえる。社内ではなるべくプリンターやサーバーといった電子機器から離れた場所に席を移動してもらえる。横になれる妊婦専用椅子を社内に用意しているし、在宅勤務もゆるされています。ちなみに妊婦特別手当が出て、3000元（約4・8万円）だそうです。

さらに興味ぶかいのが、等級によって10万元（約160万円）、50万元（約800万円）、100万元（約1600万円）、200万元（約3200万円）の「卵子凍結ファンド」まで用意していること。

猛烈に忙しい高級管理者層になると、出産のために休みをとる余裕がない。毎日3～4時間しか寝る時間のない生活ですから。そこで、元気な20代のうちに卵子を取り出して冷凍保存しておく。ただし、中国で卵子凍結は禁じられているので、海外でやるしかない。だから7日間の有給休暇ももらえます。

卵子凍結に会社がお金を出すのは中国でも初めてで、大きな話題になりました。さらに、アメリカなどで代理出産してもらう人もいるようです。

シートリップ創業者の梁建章は、もともと人口学の研究者で、一人っ子政策にも批判的でした。このままでは人口が減って、中国の国力が落ちてしまうと。だから「アメリカ卵子凍結の旅7日間」という、思い切った旅行商品を提供していたこともあります。21万８８８元（約３５０万円）でした。

卵子凍結や代理出産については賛否があるでしょうが、やはり働く女性にとってもっとも大変なのが出産イベントなのです。そこをケアしようとしている。

ちなみに、中国には育休がありません。子供は祖父母が育てるので、本人は４カ月ほど産休をとったら、会社に戻るのが一般的です。でも、その４カ月すら仕事を離れるのが惜しいと考える女性たちもいるということです。

## 美顔ソフトなしの撮影はダメ

同年代で比べたとき、日本の若者より中国の若者のほうが社長や会社幹部は多いと思います。同様に、女性同士を比べたとき、社長や会社幹部は中国のほうが多いはずです。若い女性であっても、同じことがいえる。

そんな彼女たちが日本に来たとき、旦那さんの付属物みたいに「奥さん」あつかいされてしまっては、プライドを傷つけかねません。若い中国人社長を「若造」あつかいするのと同じことです。

日本でも中国でも、買い物をするのは女性です。女性のほうが、たくさんの日本製品を買ってくれる上客なのです。彼女たちを大切にあつかわないといけない。では、こうしたお金をもっている女性たちの最大の関心事は何か？　そこにインバウンドビジネスのヒントがあります。

訪日中国人ほど日本で買い物をしている人はいないと書きました。では、何を買っているのか？　1位はずっと化粧品なのです。ランキングに変動はあれど、1位が化粧品である点だけはずっと変わらない。当然、その大半は女性客でしょうが、自分を美しく見せることにお金を惜しまない。

前作で「顔値《イエンジー》」という言葉をご紹介しました。日本でいうところのインスタ映えです。商品でも食事でも風景でも、写真に撮って美しく、人に自慢できるかどうかがポイントになる。でも、そもそも顔値というのは、顔の偏差値のことです。本来の意味での顔値に対するこだわりが、若い世代ほど強くなってい く。

旅行写真は「顔値」がポイント。函館は夜景だけでなく、「海の見える坂道」も顔値が高い

中国の若い女性たちと一緒に食事をして、私が記念に写真を撮ろうとすると、必ず止められます。

「絶対にダメ！　袁さんのスマホには美顔ソフトが入ってないじゃん！」

最近のスマホには美顔ソフトが入っているのが当たり前です。ホクロをとったり、肌を白くしたり、目を大きくしたり、シワを消したり、自動的に顔値を上げてくれる。彼女たちにとっては、そうした修正が当たり前になっている。

修正しない写真が万が一、ＳＮＳにアップされようものなら、素顔がバレてしまう。だから、若い人たちは猛烈に抵抗するわけです。

七〇後である私の感覚では、加工した顔しかアップしないほうが、よっぽど恥ずかしい。でも、八〇後九〇後の感覚では、素顔を見せるほうが恥ずかしいのです。少し前までスッピンで歩く人が圧倒的だった国民とは思えない変化です。

彼女たちがＳＮＳに上げる写真を撮るときには、必ず化粧をします。外出するときも、少なくともファンデーションぐらいはするようになった。若い人のほうが化粧品にお金をつかうというのは、第1章でご紹介した通りです。

ただ、日本の化粧品メーカーが強いかというと、宣伝に莫大な広告費をかけている欧米メーカーにはかなわない。日本製品で人気があるのは、洗顔料とか化粧水、乳液といった基礎化粧品なのです。同じアジア人として肌質が似ていると考えている。

だから、訪日中国人が日本で買っているのは、欧米メーカーのメイクアップ化粧品と、日本メーカーの基礎化粧品ということになります。

ただ、顔値を追い求める先に、実は日本の得意分野があるのです。美容整形です。なんと美容整形をするために日本をおとずれる中国人セレブが増えています。

## なんで褒めてくれないの？

この1～2年、ものすごく増えたのが、こういう問い合わせです。

「袁さんはどこで整形したの？　えっ？　まだしてないの？　信じられない！　東京にいい病院がいっぱいあるみたいだから、ちょっと調べてよ」

何年も前にウィーチャットの連絡先だけ交換して（日本でいう名刺交換です）、それ以来会っていない女性からも同じ問い合わせがきたので、驚きました。いまの中国人にとって、美容整形がごく普通のことになっている。

「身体髪膚《しんたいはっぷ》これを父母に受く。あえて毀傷《きしょう》せざるは孝の始めなり」

日本でも有名なフレーズですが、『孝経』の一節です。自分の体を傷つけないのが親孝行の第一歩だというのが、中国人の伝統的な考え方でした。だから、「魏志倭人伝」の時代、顔や体中に入れ墨をしている日本人を見てビックリしたわけです。おそらく「孝の観念すらない野蛮な連中だな」と思ったことでしょう。

五〇後《ウーリンホウ》や六〇後には、まだそんな感覚が濃厚にあると思います。「顔をいじくるなんて、絶対にやっちゃいけないことだ」と。私たち七〇後になると、そういう感覚は薄れてきますが、少なくとも人前でもちだす話題ではないと思っている。隠れて整形をしたとしても、あまり人に語るものではないと。

ところが、八〇後九〇後になると、そういう感覚まで消えてきている。むしろ自慢してくる人が多いのです。私は完全に日本人の感覚になっているので、「あっ。整形したな」と気づいても、その話題にはふれずにいる。すると……。

「先週やったばかりなのに、どうして気づいてくれないの？　この部分にメスを入れて、この部分には注射した。あごも削った。すごく良くなったでしょ。褒めてよ！」

黙ったまま10分ぐらいアピールしたのに、鈍感な私が気づかないので、しびれを切らして自分から説明してくるわけです。ここまであっけらかんと自慢されては、こちらもとまどうばかりです。

　彼女たちにとっては化粧も美容整形も、同じように自己投資なのです。自分をより美しくするために努力をした。それは恥ずかしがったり、隠したりするようなことじゃない。むしろ「私は化粧品にこれだけお金をかけている」「私は整形に何十万円も投資した」と、人に自慢するネタになると考えている。だから、ＳＮＳでも当たり前のように、自分が美容整形した話をアピールしています。

## バレなくてもいいじゃない

『行楽』読者を日本に招き、東京・青山の美容室を体験するツアーをやった話は、前作で紹介しました。「お金をかける以上、使用前・使用後で大きく変わってしかるべきだ」と考える中国人には、使用前との落差を減らして自然に仕上げる日本風のヘアメイクが、いまひとつもの足りないようだったと。

　しかし、社会の成熟とともに、そうした感覚が変わりつつある。特に日本風のナチュラルメイクは、若い人にかなり人気が出てきている。いかにも「メイクしましたっ！」という仕上がりより、上品でクールだと感じる人が増えている。

実は、美容整形の世界でも、この1~2年、まったく同じことが起きているのです。「使用前・使用後が明確な韓国風から、ナチュラルな日本風へ」という流れです。

中国にも美容整形をやる病院はありますが、値段が高いし、技術に不安がある。だから、この5~6年の整形ブームは、韓国がささえてきました。みんな「韓国の芸能人みたいに美しくなりたい」とあこがれ、韓国に通ってきた。

整形のために韓国に行く中国人が増えたのは理由があります。2009年に韓国が医療観光ビザを導入したからです。入国時と出国時の顔が違ってもトラブルにならないとあって、ここから訪韓中国人が激増しました。ソウル江南区のいわゆる「美容整形街」では、売上の半分以上が中国人によるものだと聞きます。

ところが、なにごとにも揺り戻しがある。誰も彼もが韓国風に整形するので、みんな似たような顔になってしまった。

韓国でも「アイドルの顔がみんな同じだ」という議論があるようですが、中国では「網紅フェイス」と呼ばれます。網紅がみんな韓国で整形するので、誰も彼も同じような顔をしていることを揶揄する言葉です。

「蛇の妖精のようだ」という表現もよく目にします。中国の昔話に出てくる、ものすごくきれいなお化けです。肌が白く、目が異様に大きくて、あごがとがっている。でも、いくら美しくても、みんながみんな蛇の妖精では差別化がはかれない。

そうなると、手術前と手術後でガクンと違いを出さない、日本風の自然な美容整形が注目をあびることになる。大きく変える場合だって、少しずつ少しずつ変えていく。「プチ整形っていいんじゃない？」という流れが生まれてきた。

これまでは、人に気づいてもらえないと意味がなかった。これからは、人にバレないことが価値をもつ。価値観が大きく逆転しつつあるわけです。九〇後の「実は5万円するTシャツ」や「実は20万円するスニーカー」と同じ流れだと思います。わかる人さえわかれば、それでいい。

技術の高さや安心・安全感でランクをつけると、日本、韓国、中国です。値段の高さでランクをつけると、中国、日本、韓国です。こうなると、日本を選ばないはずがない。

中韓関係の悪化で韓国へ行く人が減った影響も大きいと思いますが、本当にこの1～2年で日本の美容整形が急浮上してきた。

現時点ではまだ、高収入で、流行の最先端を走るセレブたちがやってき始めたぐらいの感じですが、すでに銀座の美容整形外科には中国人が押しかけており、中国人看護師や受付スタッフを置く病院も増えています。

韓国風から日本風へのシフトが本格的になれば、一気に数が増えるはずです。美容整形のジャンルは、インバウンドの成長株なのです。

## 日本は安心・安全なのに激安

20代である九〇後はまだ少ないと思いますが、30代である八〇後は、けっこう日本へ美容整形のために来ています。コラーゲンを注射したり、ホクロをとったり、二重まぶたにしたり。いわゆるプチ整形です。

40代である七〇後も、ほうれい線をとったり、シワをとったりしに来ている。実は、私もよく友人から説得されるのです。

「いまだったら、ほうれい線を注射でなくすことができる。5年後になったら、もうその線を手術で埋めるしかないのよ。どれだけお金がかかると思う？」

あまりに勧誘されすぎて、「整形しないのは、女を捨てていることになるのかなあ……」なんて気分になってきてしまいました。

実は、日本の美容整形外科をおとずれるのは、中国人女性だけではありません。中年男性に流行っているのが「血液クレンジング」。私もくわしくは知らないのですが、医療用オゾンで血液を浄化する治療法なのだそうです。血液をサラサラにすることで、免疫力が上がったり、肌がきれいになったりするのだとか。

血液クレンジングは中国の病院でもできるのです。でも、事故が多い。それに比べて、日本は安心・安全なうえに「料金が激安」だといいます。

子宮頸がんの予防接種をするために日本に来る女性も少なくありません。アメリカから輸入したワクチンを使うので、中国でやるとなると半年待ちです。ところが、日本だとスムーズに打ってもらえるうえに、安い。３回は注射しないといけないのですが、「日本旅行のついでに打つだけだから、３回来たらいい話でしょう」と。

中国人の感覚からすると、日本の病院は激安なのです。一方、日本のインバウンド関係者からしたら、１回で何十万円もお金を落としてくれるなんて、本当にありがたい。

医療ツーリズムという言葉を最近よく耳にしますが、日本人から仕掛ける前に、中国人が自分で日本の強みを見つけて、すでに動き出しているのです。こうしたサービスの充実も、これからは考えていくべきだと思います。

## 韓国よりアドバンテージがある

これまで、中国人が医療ツーリズムに出かけるとしたら韓国でした。韓国を観光するついでに、さまざまな手術を受ける。

韓国旅行は旅費が安いのと、ブランド品が安いのが魅力です。シャネルの化粧品が買いたい七〇後や八〇後は、韓国に出かけて買っていた。買い物天国なのです。ビザもとりやすいし、距離も近い。ＬＣＣ（格安航空会社）の便数も多い。

ただ、意外に多い感想が「街がきれいじゃない」「レストランの厨房が汚い」。日本旅行をした人はまず間違いなく「街がきれいだ。公衆トイレですら、いかに清潔か」と絶賛しますから、印象は１８０度違うようです。

韓国料理については「牛肉が思ったより高い。焼肉を食べるんだったら、上海の韓国料理屋のほうがお得だ」という声が多い。コチュジャンなどの醬を使うところも中国料理に似ているし、少なくともサプライズはないようです。

それと比べて、日本料理は「海外に来た！」という実感がもてるのです。刺身なんか、魚を生のまま切っただけです。「これがホントに料理なのか？」という衝撃がある。食材そのものを生かすという発想は、中国の料理にはあまり見られない。非日常的な経験ができるという意味では、圧倒的に韓国より日本なのです。

しかも、見せ方も計算されつくされています。懐石料理など、顔値の高い料理がいっぱいある。中国の感覚と違えば違うほど、見た人が「なんだ、これっ！」と驚いてくれるから、ＳＮＳで自慢しやすいのです。

わざわざ海外に行くんだから、非日常体験をしたい――。そう考える中国人にとって、日本は韓国より圧倒的にアドバンテージがあるということです。

たしかに、ブランド品を買うなら、いまでも韓国でしょう。でも、七〇後より八〇後、八〇後より九〇後のほうが、「モノ消費からコト消費へ」の傾斜は強い。そのトレンドが加速するほど、日本が有利になっていくと思います。

## 瀬戸内国際芸術祭のどこに魅力を感じるのか

中国では最近、「旅行」という言葉を見かけることが減り、「文旅《ウェンルー》」という言葉が使われることが増えました。文旅とは、文化旅行のこと。要は、コト消費の旅です。政府としてもそこをあと押ししている。

たとえば北京の故宮。少し前までは「おのぼりさん」が行くところで、日本でいえば、昔の東京タワーのような存在でした。そこへ行くこと自体に意味があるのであって、内容が問われるものではなかった。

ところが最近は歴史面に光をあてた解説をしたり、ライトアップしてナイトツアーをやるようになったりしている。中国史上、初めてのことです。故宮博物院がロレアルとコラボした口紅を出した話は紹介しましたが、若者が「文化の香りのするもの」が好きになってきているのを、意識しているのだと思います。

文旅に関して、日本には強みがあります。古い文化を残している一方で、世界最先端の現代的なアートもあったりするからです。

最近、八〇後九〇後に人気が高いのが、瀬戸内国際芸術祭。日本人であっても誰もが知る存在ではないと思いますが、中国人にすごい人気です。うちにも「『行楽』編集部でツアーを組んでくれるなら、ボランティア参加したい」というリクエストが殺到している。

前回（２０１６年）の外国人アンケートでは、中国人来場者は全体の11・3パーセントだったそうです。それが２０１９年春会期（春、夏、秋の3期に分けて開催されます）では、24・2パーセントにまで伸びた。全体の4分の1が中国人だったのです。

上海でひらかれた草間彌生展には、たくさんの中国人の若者たちがつめかけた

前回は台湾、香港に次ぐ3位だった。それが今回は台湾に次ぐ2位まで順位を上げてきている。おそらくその影響でしょうが、香川県に宿泊する中国人数も毎年、何割増しペースで伸び続けています。

草間彌生さんや安藤忠雄さんは中国でも、ものすごい人気です。私もしょっちゆう「お金はいくらでも出すから、コラボ商品を作りたい。紹介してよ」といわれて、困惑している。彼らの作品をまとめて見られるのが、瀬戸内国際芸術祭の魅力なのです。

特に九〇後にとって、ルイ・ヴィトンやジバンシィやシャネルを買いにくるより、草間彌生・安藤忠雄を見るために日本に来るほうが、よっぽど格好いい文旅なのです。SNSに上げたとき、そちらのほうが自慢できる。

焼杉という、杉の板を炭になるまで焼いた黒い板が、瀬戸内では外壁材として使われてきました。直島《なおしま》の「家プロジェクト」では、そんな黒い家を復活させようとしており、顔値が非常に高いのです。町そのものがアートになっていて、歩くだけで心地いい。中国でも最近、古い建物を格好よく再生させる動きが出てきていますが、まさに八〇後や九〇後が大好きなジャンルといえます。

## お金をかけずに楽しませせる

『行楽』で付き合いのあるKOLにも瀬戸内ファンは多い。どういうところが好きなのか、二人に話を聞いてみました。

童心に返ってしまい、ポスターと同じ構図の写真を撮った5人組

まずは八〇後の潘潘猫《ハンハンマオ》さん。１００万人以上もフォロワーがいるKOLで、特に美食や旅行ジャンルで評価が高い。世界各国の政府観光局と付き合いがあります。

「アートの力で島に命を吹きこんでいく試みは、中国ではまだあまり見られない。開放的な大自然とアート作品が完全に融和していて感動する。もっともっと中国人の若者に人気が出ると思います」

自分のファンである七〇後八〇後のママたち4人と訪問したそうですが、5人が5人とも、ここでは少女に戻ってしまい、ポスターの写真とまったく同じポーズで写真を撮ったりして、盛り上がったそうです。

次に七〇後の大菜《ダーツァイ》さん。87万人のフォロワーをもつ、美食に強いKOLです。彼女の場合、9歳の娘と一緒に訪問したそうですが、島と島のあいだはフェリーで渡るので、子供も退屈することがなかったそうです。「室内展示ではできないアート教育ができるのが、最大の魅力」とのこと。

彼女が感心したのは、小さな島々の地形に合わせ、その土地土地の素材を使いながら、エコと芸術性を両立させている点。特に日本人らしい細かな工夫で訪問者を喜ばせていることでした。

たとえば、小豆島は実写版「魔女の宅急便」のロケ地です。映画で登場したグーチョキパン屋さんのセットを、オリーブ公園に移築してあり、魔法のほうきを無料で貸し出してくれます。魔法のほうきにまたがった娘さんは大喜びで、当然、その姿は写真に撮ってSNSにアップしたとのこと。

要は、顔値を高める工夫をしているのです。訪日中国人を喜ばせるには、彼らがSNSで自慢できるような写真を撮らせてあげることが、もっとも重要。インスタ映えする撮影ポイントを用意してあげる。彼女が写真をウェイボーに上げたことで、小豆島の風景は一気に中

ほうきにまたがって親子で記念写真。子供も喜ぶし、SNSでもウケる

国全土へ拡散しました。

オリーブ公園では、「ハート形をしたオリーブの葉っぱをさがそう」みたいな企画もやっているようです。見つかったら幸せになれると聞けば、みんな必死でさがします。ほとんどコストをかけず、アイデアだけで訪問客を楽しませている。そういう部分が、大菜さんを感心させたわけです。

もちろん、アートだけでなく、瀬戸内には中国人の大好きなものがたくさんあります。まずは青い海。新鮮な魚介類。高級旅館もたくさんあります。アート以外にも、楽しめるものがいっぱいある。

直島のベネッセハウスには海の見えるレスト

ランがあります。日本人からすると高級ですが、上海や北京の物価に慣れている人間からすると、ビックリするぐらい安い。「こんなに最高のサービスを、こんな値段で受けられるのか」というお得感があるわけです。

そう考えると、瀬戸内には若い中国人の求めるものがすべてある。この成功事例から学べるものは多いと思います。

# 第　4　章

# 「家計の半分は子供のために」

## 家計の半分を一人っ子へ

2016年にFIT（個人手配旅行）が団体旅行を抜いて以来、個人旅行が6割程度を占めて訪日中国人の主流になっています。

こうした人たちは、子供を連れた旅行が多い。訪日中国人の7割は20代～40代だと書きましたが、まさに子育て世代だからです。

日本を親子旅する人の60・3パーセントは26～35歳。八五後から九五後にかけての世代が主力です。この世代の子供はまだ小さいので、遠出がしにくい。ヨーロッパまで十数時間も乳幼児を飛行機に乗せるなんて無理です。だから、近場で、なおかつ異文化体験のできる日本を選ぶ。

中国にはまだ子供連れで安心して旅行できるような環境がととのっていません。「日本はなんて親子旅行しやすい国なんだ」という声をよく聞きます。

ここで非常に重要なことがあります。中国人というのは、ものすごく子供をかわいがる国民だということです。中国児童産業センターのデータによると、8割の家庭で子供のための

子供に雪を体験させるために日本にやって来る親子も少なくない。小樽にて

支出が、家計の30～50パーセントを占めている。

一人っ子政策が廃止されたのは２０１６年１月。まだ4年もたっていない。つまり、ほとんどの子供は一人っ子です。たった一人の子供に家計の半分を投入するという感覚は、日本人には想像しがたいと思います。

## 4人の大人を連れてくる

中国児童産業センターやテンセントの推計では、中国のキッズビジネスの市場規模は４・5兆元（約72兆円）。日本は12兆円程度という推計がありますから、すでに大きく引き離しています。今後、二人目を産む家庭が増えれば、さらに大きくなるでしょう。

中国の子供服のマーケットは1500億元（2・4兆円）、子供飲食のマーケットは500億元（8000億円）です。中国版ユーチューブである「愛奇芸《アイチユン》」の子供向け有料番組は5万本もあります。ものすごいお金が動いている。

中国のショッピングモールが閑散としている話はしました。でも、レストラン街だけはにぎわっている。親子連れをターゲットにしたレストランが増えているからです。

こうしたレストランでは、敷地の7割が子供の遊ぶスペースにあてられています。親は必ず子供の写真を撮るので、ちゃんと顔値のことを計算した内装にしてある。

入場料は2時間150元（約2400円）程度。食事代を入れて300元（約4800円）ぐらいです。でも、子供が一人でやってくることはありません。必ず両親か、おじいちゃんおばあちゃんまでひき連れてくる。仮に5人で来た場合、1500元（約2・4万円）ものお金を落としてくれるのです。

つまり、子供をターゲットにするのは効率がいい。周囲の消費を巻きこむからです。子供はたった一人でも、5人ぶんのお金が動く。だから各ショッピングモールは生き残りをかけて、親子向けコンテンツの開発に躍起なのです。

少子高齢化が進む日本では、お金をもっている高齢者をターゲットにすることばかり議論されていますが、こと訪日中国人に対しては、いかに子供をターゲットにするかを考えたほうがいい。子供のためなら、中国人はお金をつかうからです。

これも意外とインバウンド関係者に見落とされがちなテーマなので、この章では子供の問題を考えたいと思います。

## いまも「孟母三遷」している

中国では女性も働くのが基本形です。しかし、最近、プチ富裕層のなかに「専業主婦」というまったく新しい存在が登場してきたことは、前作でくわしく解説しました。日本では1990年代に共働き世帯が専業主婦世帯を上まわり、その差がひらく一方ですから、逆の流れになっている。

専業主婦は、中国語で「全職媽媽《チュアンチーマーマ》」。専業のママという意味なので、日本とは違って、子供がいることが前提になります。

専業主婦が登場した背景には、もちろん豊かな家庭が増えたこともあるのですが、より直接的には、子供の教育の問題があります。親がつきっきりで手伝ってやらないとこなせないほど、毎日の宿題が大変なのです。

私もよく中国の友人からこんなことをいわれます。

「子供が3人もいるのに働いていられるのは、袁さんが日本に住んでいるからよ。子供が一人しかいなくても、中国じゃ自分の時間がまったくとれない。週末旅行に行ったって、iPadで宿題やらせているんだから」

そうした状況を考えると、一人っ子政策が廃止になっても、二人目を産めるのは、よっぽど恵まれた環境の人だけなのかもしれません。子供の宿題まで家庭教師にまかせられる富裕層でないと難しい。

「孟母三遷《もうぼさんせん》」という言葉があります。孟子のお母さんが子供の教育環境を考えて、3回も引っ越しをした。日本人の友人からは「意味がわからない。そんなに甘やかしたら、子供がスポイルされちゃうよ」といわれるのですが、中国人にはしっくりくる。

実際、いまでも孟母三遷を実行にうつす人がいます。「学区房《シュエチューファン》」という言葉がありまず。学区は、日本と同じ意味です。房は住宅のことです。子供を名門小学校に通わせたい。

でも、その学区に住んでいないと、資格が得られません。そこで、その学区に家を買い、家族そろって引っ越すわけです。

ただし、大問題があります。歴史のある名門小学校や、レベルの高い教育をする人気の小学校は、必ず大都市の中心部にある。引っ越すと簡単にいうけれど、そんな場所にある住宅は、とてつもない値段がするのです。

上海郊外の120～130平米の豪邸に住んでいたプチ富裕層が、その家を売って、都心に引っ越す。20～30平米の小さなマンションが買えるかどうかです。巨額の借金をかかえこむ可能性も高い。

それでも中国人は、子供のためには投資を惜しまない。狭いマンションの1室に一家3～4人で暮らして、「子供のためなら仕方がないか」と辛抱する。

そこまで子供を大切にしていることを知れば、日本のインバウンド関係者も、子連れの客に対する見方を変えざるをえないと思います。

## 二人に一人が大学生の時代に

中国の大学入試は「高考《ガオカオ》」と呼ばれて、一発勝負です。その点数によって、北京大学に行くのか、清華大学に行くのか、上海交通大学に行くのかと、どこの大学に入学できるかが決まる。日本のように大学ごとの試験がない。だから、熾烈な競争になる。

ただし、熾烈なのはトップ校を目指す争いであって、大学生の数自体は増え続けています。いまや二人に一人が大学へすすむので、日本と変わらない。

近年の大学進学率の伸びがすさまじいのです。中国の教育省が発表している数字を見ると、２０１２年に30パーセントだったのが、２０１３年に34・5パーセント、２０１４年に37・5パーセント、２０１５年に40パーセント、２０１６年に42・7パーセント、２０１７年に46・2パーセント、２０１８年に48・1パーセントまで急伸している。

文化大革命で中断されていた大学入試が再開したのは１９７７年のこと。それからも狭き門であり続け、大学進学率が10パーセントを超えたのは、１９９０年代後半です。

つまり、八〇後九〇後の親世代にあたる五〇後六〇後七〇後は、大半が大学に行けなかった。特に五〇後六〇後は文化大革命にぶつかっていますから、教育は中学校までで終わり、あとは農村へ飛ばされたりしている。自分に教育がないぶんコンプレックスがあり、教育ママになってしまう。

親の世代が受けた教育と、子供の世代が受けた教育のあいだに、ものすごいギャップがあるわけです。

海外留学に関しても、七〇後の時代には、まだ実力だけでは行けなかった。当時の中国人は貧乏でした。奨学金をもらわないかぎり、海外で生活できなかった。いまみたいに全額、自腹で留学なんて考えられなかったのです。

多くの新興国と同じパターンだと思いますが、中高年は教育もお金もなく、若者が教育もお金ももっている。教育水準が高いと、マナーもいい。海外の国にはそれぞれの事情があることを理解し、そこでのルールを尊重しようとする。これこそ、この本で「八〇後九〇後をメインターゲットとすべきだ」といい続けている理由なのです。

## 親の期待と現実のギャップ

五〇後や六〇後の青春時代とは、まったく違う社会になりました。自分の努力次第では、いい大学に入って、いい会社に就職し、高い給料がもらえる時代になった。実力次第ではい上がれる時代になった。

こうなると、五〇後六〇後は「自分の果たせなかった夢を」ということで、異常なまでに教育熱心になり、熾烈な競争にわが子を追いこみます。

孟母三遷の話をしましたが、地方だと、名門高校に通わせるために、子供と母親だけが別の都市に移り住むことも珍しくない。親は料理を作り、身の回りの世話をし、懸命に子供の受験をサポートするわけです。

しかし、考えてもみてください。いまや二人に一人が大学に行く。大学生の価値が下がってきているのです。もはや大学卒というだけでは評価されない。名門大学を出ないかぎり、就職でも有利にはたらきません。

海外留学だって同じです。もう留学したこと自体は評価されない。ハーバードとかケンブリッジといった名門大学でないと相手にされないのです。

親の世代はまだまだ昔の感覚でいて、毎日「勉強しろ」「一番になれ」と追い立てる。でも、猛烈に勉強したとしても、その努力がむくわれるのはごくごく一部の人にすぎません。大多数の人は、単に努力しただけに終わる。いまから努力して成功するのは、20年前に比べてはるかに難しいのです。そうしたズレを実感しているから、九〇後や〇〇後が仏系になっていくのでしょう。

実際、中国の大学では燃え尽き症候群も多い。日本の大学と同じで、入ってしまえば、ほぼ自動的に卒業できるからです。アメリカの大学のように「入学しやすく卒業しにくい」パターンではないので、勉強するモチベーションが生まれない。

まったく勉強しない大学生が蔓延していることが、社会問題として報道されたりします。ゲームばっかりやっていたり、アニメばっかり見ていたり、フィギュアばっかり集めていたり、夜遊びばっかりしていたり。

もちろん、それはお金があるからできる話で、お金のない大学生はできません。だから地方出身の大学生たちは、ネットローンで借金までして遊ぶお金を作る。

私が大学生だったころは、遊ぶものが何もなかった。大学生は勉強するしかなかった。仮にお金持ちの子供がいたとしても、「私はあなたたちとは違うのよ」と違いを見せつけようがなかったのです。

でも、いまはさまざまなお金の使い道がある。そこで自分をアピールして、優越感を味わうことができる。当然、それを見てコンプレックスをおぼえる大学生もいます。借金地獄におちいる大学生が増えた背景には、そうした事情があるのです。

## 英検のために地方遠征

大変なのは大学受験だけではありません。いい大学へすすむには、いい高校へ。いい高校へすすむには、いい中学校へ。いい中学校へすすむには、いい小学校へ。いい小学校へすすむには、いい幼稚園へ……。競争はどんどん低年齢化している。

中国の中学受験は3科目。国語、算数、英語です。3科目しかないので、難易度がどんどん上がる傾向にあります。

有名中学に入るためには、ケンブリッジ英検（ＫＥＴ）やケンブリッジ英検プレリミナリー（ＰＥＴ）に合格することが不可欠といわれています。どちらもケンブリッジ大学の英語能力試験です。ＫＥＴは基礎レベルで、日本の英検の2級程度。ＰＥＴは初級レベルで、日本の英検の2級から準1級程度です。それを小学生のうちにクリアする。

しかし、試験会場は全国に36カ所しかありません。２０１９年だと、6月26日の朝10時にオンライン受付が始まると、数分ですべて埋まってしまいました。

ちなみに1月の受付のときは、北京が１・２秒、広州が１・５秒、南京は5秒、蘇州は５・５秒でした。まるで独身の日のバーゲン品の奪い合いのように、タッチの差で勝負が決まってしまう。

見てわかるように、やっぱり北京とか広州とかメガシティのほうが競争はきびしいのです。瞬時に埋まってしまう。そうなると上海の親は、上海会場をねらわず、武漢とか合肥とか、競争率の低い地方都市の会場をねらいます。小学生に英検を受けさせるためだけに、親子で地方都市まで出向くのです。

上海から武漢までは７００キロ弱、合肥までは４００キロ強。小学生を連れて日帰りできる距離ではないので、現地で1泊するしかない。もうプチ孟母三遷しているようなものです。

親の負担がいかに大きいかわかると思います。

## 習い事が五つも当たり前

それでも八〇後までは、勉強だけでよかった。九〇後や〇〇後が大変なのは、「詰めこみ教育には問題がある。勉強だけでなく、幅広い教養を身につけさせるべきだ」という風潮になって、習い事が増えたことなのです。

月曜はピアノを習い、火曜はスイミングをし、水曜はバレエを習い、木曜日は絵を描き……。そうした習い事を終えてから、学校の宿題をやるようになった。

3大ポータルサイトのひとつ「捜狐《ソウフー》」が2017年に、小学生が習い事をいくつやっているか調査しました。5個以上が45パーセント、3〜4個が33パーセント、2個が18パーセント、1個が1パーセント、ゼロが3パーセントでした。なんと5個以上がもっとも多かったのです。月曜から金曜まで、すべて違うことを習っている子も相当いるはずです。

算数や英語など学習塾にちかいもの、楽器・絵画・ダンスといった芸術系、パソコンやロボット開発、囲碁などの知力系、スイミングやバスケットボール、武術といったスポーツ系。

日本人が上海で経営するロボット教室も人気。日本でのウィンターキャンプにて

内容もバラエティに富んでいます。

こうした習い事も、小学生だけの話ではありません。もっと小さなころから競争はスタートしている。

上海市質量協会ユーザー評価センターが2017年に発表した、早期教育のデータがあります。上海の0~6歳児が、どんな習い事をしているか調べたものです。

57パーセントの親は、小学校に入る前から習い事をさせていました。4~6歳児の73・5パーセントはともかく、0~3歳児の39・9パーセントが習い事をしているというのは、私にとってもショッキングな数字です。

ちなみに、0~3歳児は、中国語の発音や英語、算数といった学習関係が多いそうです。上海には、小学校に入る前の幼児教育をやる会社が731社もある。

このうち59・3パーセントの幼児は習い事をふたつやっています。これに付き合うわけですから、親も大変です。

もちろん、お金だってかかります。0~6歳児だというのに、1年間で平均1万7832元（約28・5万円）もの支出だそうです。中国のホワイトカラーの平均年収は150万円ぐらいです。そのなかから、これだけの支出をしている。

中国の子供たちがいかに忙しいか、そして親がいかに子供に投資しているか、よくわかるデータだと思います。

## 習い事だけで100万円以上

面白いのは、格差社会の中国においては、子供の習い事の内容も親の収入によって変わるということ。

子供をインターナショナルスクールに通わせる親は、相当、所得水準が高いはずです。日本には学費が年間１００万円ちょっとのところもありますが、中国では年間２５０万～３００万が普通だからです。

リッツ・カールトンのマナー講座。頭に本をのせて歩いているのは、フォロワー数 108 万人を誇る有名KOL蔻蔻さんのお嬢さん

　北京や上海にある私立インターナショナルスクール（小中一貫の９年制が一般的です）でアンケートをとると、習い事はフェンシング、馬術、ゴルフ、アイスホッケーなど、ちょっとセレブ感ただようスポーツになっています。親はやはり子供を、ちょっと上質な文化になじませたいのでしょう。

　こうしたニーズをとりこもうと、民間企業も必死に動いています。たとえば北京のザ・リッツ・カールトン・ホテルには、子供のためのマナー講座があります。ランチとアフタヌーンティーをいただきながら、フォークやスプーンの使い方、あいさつや握手の仕方、テーブルマナー、立ち居振る舞いなどを学ばせる。講師をつとめるのは、かつてモロッコ国王の家庭教師もつとめたという白人の紳士です。

たった1日の講座で、値段は宿泊費込みの3500元（約5・6万円）もします。それでも、教育熱心な親たちは、子供を「素敵なジェントルマン」「素敵なレディ」に育てるために出費を惜しまない。募集すると、すぐ埋まってしまうそうです。

特にお金がかかるのが夏休みです。中国の学校の夏休みは2カ月もあるので、親の悩みの種になっています。上海・北京・広州・深圳といった大都市の子供のスケジュールは、だいたい海外旅行か海外サマーキャンプを1回やり、残りは塾と習い事で埋まる。

夏休みの習い事と塾だけで5万〜10万元（約80万〜160万円）かかりますが、共働きで世帯収入40万円ぐらいの家庭でも、普通にこうした出費をしている（もちろん不動産バブルの恩恵を受けている人たちの話ですが）。

中学受験のために有名塾の夏期講習に通うとなると、2週間で1万元（約16万円）からという世界なので、「有名塾のカバンをもち歩いているお母さんがいちばん金持ちだ」なんてネタが、SNSで飛び交っています（日本人には怒られそうですが、親が子供のカバンをも

サマーキャンプでイギリス人から乗馬を習う、中国の子供たち

ってあげて、塾まで車で送迎するのが一般的なのです)。

お母さんの側もジョークで、ママ友に「この塾カバン、ルイ・ヴィトンのバッグ何個ぶん」みたいな表現をします。まあ、ルイ・ヴィトンやエルメスを節約して、そのお金で塾に行かせているわけですから、決して超富裕層ではないのですが。

## サマーキャンプでさらに何十万円

さきほどの5万〜10万元というのは、塾や習い事にかかるお金です。それとは別に、海外旅行や海外サマーキャンプの出費が加算されます。

サマーキャンプでは、やはり欧米が先進国。

単に海外経験させるだけでなく、「グローバル・リーダーシップを育てる」とか「ディベート力を鍛える」といったテーマが必要なので、各社、知恵をきそっています。

人気があるのはイギリスで、ケンブリッジで15日間、サマーキャンプをやるというと、だいたい3万～5万元（約48万～80万円）ぐらいします。サマーキャンプは親が付き添う必要がないので楽は楽なのですが、ものすごい出費になる。

国内でもサマーキャンプはおこなわれており、建築体験や、博物館や水族館の寝泊まり、ダイビングやゴビ砂漠の50キロハイキングなどに人気があって、すぐ埋まってしまいます。たとえば海南島で5泊6日のダイビングをやるとなると、1・5万元（約24万円）ぐらいはかかります。

中国人の子供向けサマーキャンプでは、まだまだ日本は出遅れています。ただ、今回調べていて、日本でもひとつ、静岡県で発見しました。テーマは海洋研究。水族館や海洋科学博物館を解説つきで見学したり、魚をさばくところを見学したり、海釣りを体験したり、ビーチを清掃したり、学習というよりは自然教室のような内容。6泊7日で1・8万元（約29万円）ですから、かなり高い。

少し脱線しますが、実は最近、小学校の修学旅行で海外へ行くことも普通になってきています。〇〇後たちは小学校3～4年生で海外を体験する。上海や北京の公立小学校でも、オーストラリアやイギリスに行くのは当たり前です。

ちょっと面白い話を聞きました。上海の公立小学校が、オーストラリア班とカナダ班に分かれて、修学旅行に行くことになったのです。先生が放課後、4時ごろにウィーチャットでそれを発表して、「参加希望者は頭金を支払ってください」と伝えた。わずか1時間で予定人数が埋まってしまったそうです。

でも、専業主婦はすぐ反応できても、働いているお母さんには無理です。「うちの子も行かせてやりたい」とリクエストが殺到して、急遽、京都班も作った。

オーストラリア班もカナダ班も京都班も、みんな2週間で50万円ぐらいなので、ものすごく高い。普通の個人旅行だったら、その半分以下で行けるはずですから。それでも、親は子供に海外を見せたいと思うものなのです。

## スキー場にはチャンス到来

プチ富裕層が子供にどれだけ投資するか、わかっていただけたと思います。家計の半分が子供のためという数字も、納得できたのではないでしょうか。

読者のなかには「宿題を手伝ってやり、塾まで送迎し、カバンをもってやり、海外旅行もさせてやり、中国の親は子供を甘やかしすぎだ！」と感じられた方がおられるかもしれません。私もそう思わないではないですが、まあ、価値観の違いなのでしょう。

いずれにしても、インバウンドビジネスを考える場合、子供というキーワードは抜きに語れないのです。子供をめぐっては、ものすごい金額が動いている。日本人には、そこを理解していない人が多い。

ちなみに、サマーキャンプはまだまだ少ないものの、冬場になると、けっこうたくさんの中国人の子供が日本へやってきています。スキーを習わせたい親が多く、日本のスキースクールに通わせるのです。

中国のスキー場と比べると、日本のほうがリフト代も安いし、レッスン料も安い。インス

日本へのスキー旅行は、子供も親も楽しめる。北海道のトマムにて

『行楽』が長野県で主催したスキー教室にもたくさんの子供たちが参加した

トラクターに個人指導を頼んでも安いのです。お得感がある。

日本人のスキー人口は減り続けているようですが、中国ではこれから盛り上がっていくところ。すでに中国人だらけになっているスキー場もあると聞きますが、これからのインバウンドでは狙い目だと思います。

近いし、安いし、雪質がいい。それに加えて安全で、食べ物もおいしい。温泉もあるから、親だって楽しめる。これで日本にやってこないはずがありません。

## 静かに涙をこぼす子供

ただ、どうせ子供を相手にするなら、日本の強みを発揮したほうがいい。

実は日本の大学は、中国ではあまり評価されていません。中国の大学と変わらないと思われている。留学して自慢できる大学はケンブリッジやオックスフォードであり、ハーバードやイエールであり、スタンフォードやプリンストンなのです。そうした世界の一流校に行けなかった学生が東京大学に留学する。

それを考えると、日本がサマースクールを開催して、ケンブリッジに対抗できるとは思えません。そこでは勝負にならない。

でも、その一方で、日本の初等教育に対する評価はすさまじく高いのです。「世界一だと中国人は考えている」と書いて、間違いではないように思います。

前作でも「電車で座席にすわらない中学生」の話をしましたが、訪日中国人が日本で見る子供の姿は、一人っ子で甘やかされた「小皇帝《シャオファンディ》」たちとあまりに違う。それを見るたびに「日本の教育のほうがすぐれているのではないか?」と自省するのです。

仕事で付き合いのあるKOLの女性から、面白い話を聞きました。日本人はエレベーターに乗ったとたん、みんな急に黙りこんで、もの音ひとつしなくなる。あの光景に驚く外国人は少なくないのですが、それにまつわる話です。

彼女は4~5歳の娘を連れて日本に来ていた。「エレベーターで娘が騒いだらどうしよう」と心配したのですが、幸い、静かにしてくれていた。気持ちに余裕ができて、周囲を見まわした。ベビーカーに子供を乗せた日本人のお母さんがいたのですが、さすがは日本人の子供。まだ2~3歳だというのに、もの音ひとつたてません。

感心しようと思ったとき、不思議なことに気がつきます。その子が肩をふるわせているのです。よく見ると、涙をポロポロ流している。「エレベーターの中では声を出すな」ときびしくしつけられているのか、声を出さずに泣いていたのです。

お母さんを見ると、真っ赤な顔をして、明らかに怒っている。おそらくエレベーターに乗る直前に、子供を叱りつけたのでしょう。それで泣いているのですが、決して声を上げない。なんとも不思議な気分になったそうです。

エレベーターや電車の中では静かにする、他人に迷惑をかけない。それが日本のルールだということは、中国でも広く知られています。でも、それは大人のルールだと思っていた。子供にまで徹底されていたことにショックを受けたというのです。

## 子供は騒ぐ生きものなんだ

子供との接し方については、中国人と日本人でだいぶ違いがあると感じています。日本人の親のほうがきびしい。

私は上海の駅のロビーで子供におしっこさせているお母さんを見かけて、注意したことがあります。そのときの返答は「あなた、子供いないの?」。「あなたは子供のことが何もわかっていない」と逆ギレされてしまった。

なぜ彼女がそんな返答をしたかというと、「子供は特別な存在だ」という感覚があるからです。大人がルールを守るのはともかく、子供にそれは強要できない。子供はそういう生きものなのだと思っている。

もちろん、駅でおしっこさせるとか、銀座の歩道でおしっこさせるというのは、明らかに田舎の人たちです。大都会の親たちは、絶対にそんなことをさせない。とはいえ、子供は特別な存在だという感覚は共有しているように思います。

実際、子供が騒いだときの対応は、日本人よりだいぶゆるい。日系企業の中国駐在員のみなさんも、上海のレストランで走りまわる子供たちを見て「なんで親は注意しないの?」と首をかしげられます。

子供は騒ぐものだと考えているので、はなから注意しない。逆にいえば、日本に来て「騒がない子供たち」を見たとき、大きなショックを受けるわけです。ありえないことが、ここでは起きていると。

次章で大阪の話をしますが、大阪はこのへんの感覚は東京より寛容で、エレベーターの中でしゃべっている人もたくさんいる。「大阪だと大声でしゃべれて気が楽だ」という中国人も多いのです。ところが、この話を友人にすると……。

「大阪であっても、私は絶対に大声でしゃべらないし、子供にも騒がせない。ちゃんとしつけができていない家庭だと思われるのが恥ずかしい。電車の中でも、絶対に隣の人にぶつからないようにさせている」

そこまで強迫的に考えてしまうほど、日本社会のすみずみまで「他人に迷惑をかけない」ルールがいきわたっているように見えているわけです。そして、その秘密が、日本の初等教育にあると考えている。

## なぜ小学校ツアーが人気なのか

エレベーターで静かに泣いていた子供については、私は「そこまでやる必要あるのかなあ……」と思ってしまいますが、中国ではこうしたエピソードが素直に称賛されます。「さすが日本人の素養は高い」と。

最近も1枚の写真がネット上で大きな話題を呼びました。日本の小学生たちが、食べ終わった給食のトレイを運んでいる写真です。どの子のトレイの上でも、空になった牛乳瓶が横に倒されている。立てて運ぶとバランスを崩して、瓶を落としてしまう可能性がある。だから、校長先生の指導で横倒しにして運んでいるそうです。

これを見た中国人は衝撃を受けました。「日本人はこんな細かいところまで考えて教育しているのか」。日本のしつけが素晴らしいというのは、以前から定評がありましたが、この写真がまたその評価をあと押しした。だから一気に拡散した。

高等教育なら、やっぱり欧米なのです。海外留学や修学旅行に関しては、日本よりも欧米に行かせたい。でも、初等教育については、日本に学ぶべきだというムードがある。小さな子供のしつけなら、圧倒的に日本だと。

だから、いま流行しているのが、日本の小学校の見学ツアーです。半日ほどかけて、日本の小学生たちと交流する。図工とか音楽とか、言葉のいらない授業を受けたり、折り紙を一緒に作ったりする。

もっとも人気があるのが給食です。「これだけは日本人の子供と一緒に食べさせたい」という親が多い。中国には給食制度がなく、ランチは食堂でとったり、自宅に戻ってとったりします。まずは栄養面を完璧に考えた日替わりメニューに驚きますし、さらに子供たち自身が食事を運んだり、配膳したりする姿に感銘を受ける。

どこの旅行会社もツアーを組みたがるので、受け入れてくれる日本の小学校をさがすのが大変になってきているようです。

## 掃除は「掃除をやる人」がするもの

プチ富裕層ぐらいの家庭なら、家政婦さんを雇っているのが普通です。値段が安いので、超富裕層でなくても雇える。そうなると、家事をやるのは家政婦さん、宿題を手伝うのがお母さんとなって、子供には勉強以外のことをやらせない。おつかいに行かせるとか、自分で食事のトレイを運ばせるなんて、考えられないことです。

カバンすら親にもたせるのが中国の小皇帝です。だから日本に来ると、「ランドセルに重い教科書を入れて、自分自身で運んでいる」なんてことにすらビックリする。小学生がたった一人で電車に乗って、学校に通う姿にも衝撃を受ける。

日本の小学校では、子供たちがほうきや雑巾《ぞうきん》で掃除をします。あの光景も、中国人にとってはショッキングです。掃除というのは「掃除をやる人」がする仕事だと思っている。そもそも自分がやることだと思っていないのです。

八〇後や九〇後が日系企業に就職してカルチャーショックを受けるのは、入社初日に、まず掃除を教えられることです。給湯室に連れていかれて、洗剤の説明を受けたりする。自分は大学を出たホワイトカラーだと思っているので、なぜ「清掃員の仕事」をやらされるのか、まったく意味がわからない。

もちろん、つとめているうちに、日本の会社ではハーバード大学を出ていても、新入社員は掃除をするものなんだと理解します。そういう姿勢が、いずれは仕事につながるのだと。でも、最初は屈辱的な気分になる。

日本の会社の場合、大企業の社長でも作業着を着て工場に入り、油まみれになったりします。それが格好いいと思われているし、そういう人でなければ部下がついてこない。でも、中国は違います。社長は立派なスーツを着て、社長室にふんぞり返っているもの。作業着で油まみれになっていたりしたら、「なんだ。その程度の男か」とみなされ、誰からも尊敬を受けなくなります。人が離れていく。

中国の学校でも、ほうきではくとか、ガラスを拭くとか、その程度の簡単な掃除はします。でも、トイレ掃除はありえません。床を雑巾がけさせたりしたら、保護者から「児童虐待だ」とクレームが出るでしょう。

私も小学生のころ、アニメ「一休さん」で、はいつくばって雑巾がけする姿を見て、衝撃を受けました。まあ、畳の文化だし、お坊さんだから、特殊な世界の話なのだろうと思っていました。すごく違う世界の光景に見えたのです。

日本にはホワイトカラーとかブルーカラーとかいった意識の違いがあまりありません。平等な社会なのです。でも、中国の会社にハーバードを出た若者が就職する場合、最初から高いポストと給料を保証される。一新入社員として掃除から始めることはないのです。

ただし、子供に関しては「それはアリかな?」と、中国人も感じ始めている。中国人の子供と日本人の子供のあまりの違いを見て、「勉強だけじゃダメなんじゃないかな?」と考え始めているのです。

それが、日本の初等教育が注目を集めている理由です。この分野に関してはまだまだ未開拓ですから、ビジネスチャンスは十分にあると思います。

## さすが処女座の日本人だ

八〇後九〇後が親子旅行の行き先を考えるときの条件は、こんな感じになります。子供の視野が広がり、教科書で学ぶ以外の知識が得られること。子供が楽しく遊べること。目の前の光景を見て、親子のコミュニケーションが深まること。

だから、日本に来たときは、実によく日本の社会を観察しています。単に観光をしているだけじゃなく、社会そのものを見ている。

中国と比べて町がきれいなことは、誰もが感嘆してSNSに書きこむ。最近多いのは、ゴミ分別の話題です。日本人は本当に細かい分類をして、みんなルールを守っているといって驚く。

日本人のことを形容するのに「処女座の日本人」という表現がよく使われます。処女座というのは乙女座のことです。星座占いでは、乙女座生まれは几帳面で整理好き、完璧主義だとされている。強迫的なまでに整理整頓してしまう。ゴミ分別の徹底ぶりに関しても「さすが処女座の日本人だ」と書いた投稿が多い。

日本では子供のエコ意識もしっかりしていて、ちゃんとゴミは分別して捨てている。日本人にとっては当たり前かもしれませんが、そんなことに訪日中国人は感心している。

実は上海でも2019年7月からゴミの分別収集が始まったのです。中国全土で初の取り組みで、政府も力を入れています。

ここで面白いのは、制度が始まる前から早くも新ビジネスがあらわれて、大々的に宣伝していたこと。「あなたの代わりにゴミを分別いたします」というビジネスですが、中国人の商魂たくましいところです。

このサービスは月100元（約1600円）と、非常に安い。掃除の問題も同じですが、ものすごく低賃金で働く人が存在することが、日本人のように何でも自分でやる文化が生まれてこない原因でもあるのです。

料理は「料理を作る人」が作る。掃除は「掃除をする人」がする。ゴミ分別は「ゴミ分別をやる人」がやる……。自分は、空いた時間をすべて投入してお金を稼ぐ。経済合理性だけで考えれば、そうやって分業化をすすめるほうが賢い。

だから、大人の中国人が、日本人と同レベルで掃除をする日はこないかもしれない。でも、お金を稼がない子供のしつけに関しては、日本のやり方を取り入れてもいい、ということなのかもしれません。

## 高級料理店でデザートしか食べない

どうして子連れで日本にやってくるのか？　彼らは「子供と一緒に世界を体験したい」と思っているのです。だから、千葉県のマザー牧場が人気だったりする。

中国にも広大な大自然はあるのです。でも、小さな子供には、少しワイルドすぎる。日本のようにコンパクトにまとまっていて、施設もきれいで、安全な小動物とふれ合える場所がなかなかない。しかも、中国の大自然と違って、日本の場合、すぐ都会に戻れる。

だから、牧場のような、子供と一緒に体験できる場所が人気になるのです。ただし、一緒には楽しみにくいものもある。その最たるものが食事です。

中国の子供も、日本の子供と同じで、ピーマンやニンジンやシイタケといった癖のある野菜が嫌いです。肉でも、レバーはちょっと苦手です。甘やかせて育てるから、日本人より偏食も多い。夕食はお菓子とコーラだけですませる子もいます。

子供たちに日本で何が食べたいかと聞くと、10人のうち9人はラーメンと答えると思います。それぐらい日式ラーメンは大好き。から揚げや焼肉も好きです。それに付き合って、親はラーメン屋や焼肉屋に行く。

でも、親としては、せっかく日本に来た以上、高級料理も食べたい。4泊5日で日本に来て、1泊は高級旅館に泊まるとすれば、お店で夕食をとるチャンスは3回しかない。すべて高級料理店に行きたいぐらいなのです。一人2万円の食事であっても、中国で食べれば4万～5万円はする。コストパフォーマンスを考えれば、素通りできない。

もちろん、子供に高級料理を体験させたいということもあるのですが、まあ、親自身の希望のほうが大きいと思います。

ところが、中国には魚を生で食べる文化がありません。上海の高級日本料理店ではマグロ1切れが3000円する世界ですから、そもそも子供が食べるようなものではないのです。子供は生食など体験したことがない。普段は煮魚を食べている子が、日本で初めて刺身を見ても、なかなか食べる気がしない。

ステーキでも、日本では素材を生かすために焼きすぎないので、内部が赤くて怖い。塩こ

浴衣も花火もお祭りも、子供と一緒に体験したい。写真の「corain 君＆ oskar 先生」はフォロワー数 185 万人を誇る、夫婦の有名ＫＯＬ（157 ページ、177 ページも）

しょうだけの味つけも、普段と違って違和感がある。新鮮な食材だから最小限の味つけでいいというのは、大人には理解できても、子供には理解できない。子供の感覚では、日本のコース料理を出されても、食べるものがないのです。

それで、すべてのお皿に手をつけず、デザートのプリンだけ食べた子がいたそうです。中国の親は子供に甘いので、日本と違って無理して食べさせない。叱らない。お店としては、気分のいいものではないと思います。

中国のマナーが日本とは違うことを、ご存じの日本人も多いと思います。中国ではお客さんをもてなすとき、いかに相手を大切と思っているか示すために、食べきれないほど大量の料理を注文する。招かれた側も、すべて食べきってしまうと、「足りなかった」といっているように受け取られかねないので、必ず食べ残すようにする。食べ物を大量に残すことで、おたがいのメンツをたもつのです。

こういう習慣があるからか、日本に来ても、やはり食べ残す人は多いように感じています。ただし、高級料理店で全料理を一口も食べないで残すというのは、ちょっと意味が違う。この問題は、なんとかしないといけません。

## お子様ランチにヨーグルトを

知り合いの高級旅館の主人にこの話をしたところ、「事前に教えてくれたら、エビフライでもハンバーグでも、なんでも子供の好きなものを作ってあげるよ」とのこと。旅館にとって、それは全然難しいことじゃないのだと。

同様に、高級料理店でもキッズメニューを用意すればいいのではないでしょうか？　もちろん「うちはそんなことできない」ということであれば、予約時に伝えればいい話です。

子連れで日本を旅した中国人がみんないうのは「どこへ行ってもキッズメニューがあって、助かる」。新幹線の器に、子供の大好きな食べ物ばかりのっている。大喜びしない子がいないぐらいです。

中国にはお子様ランチがありません。ごく最近になって、上海や北京のファミリー向けレストランが提供し始めたぐらいです。私も日本で初めてお子様ランチを見たとき、「これはいい」と感心しました（どこの店で頼んでも、ハンバーグにエビフライにナポリタンにと、内容がまったく同じことにも衝撃を受けましたが）。

私が中国人向けにひとつ手を加えるとしたら、デザートにフルーツヨーグルトを出します。親として食べさせたい食材ですし、子供も大好きだからです。

プロローグで説明しましたが、日本の乳製品は安心して食べさせられる。そのうえ、牛乳と同様、ヨーグルトの種類も中国よりはるかに多いのです。イチゴが入っていたり、パインが入っていたり、さまざまなヨーグルトがあるので、子供も喜ぶ。

日本人の感覚としては「なんで、そんなものを?」と不思議に思われるかもしれませんが、牛乳やヨーグルトは「日本に来たら、絶対に食べておくべき食品」なのです。刺身や和牛や日式ラーメンと変わらない。だから、子供向けにはそこで勝負する。

日本には子供を喜ばせる食文化がたくさんあります。たとえば同じチャーハンでも、型を使ってウサギの形に盛る。「キャラ弁」文化があるので、アンパンマンの形に海苔を切り抜けるカッターがスーパーで普通に売られていたりする。

こんな文化、中国はもちろん、ほかの国にもありません。子供を喜ばせる資産を山ほどもっているのです。あとは、それをいかに活用するかだけ。

それを考えると、キッズメニューがないのは、高級料理店ぐらいなのです。もちろん、す

「となりのトトロ」グッズだらけの部屋で、子供のテンションも上がる

べてのお店が出すべきだと考えてはいないのですが、もし中国人の子供問題に悩まれているお店があったら、ぜひおすすめします。

## ミニテントは自分だけの世界

子供が満足すれば、親はもっと満足する――。そのことを、中国に進出している外資系企業はよく知っています。

たとえばシャングリ・ラ・ホテルは、親子スパとか親子ヨガ、子供のためのアフタヌーンティーや、子供のための生け花教室など、いろんな取り組みを始めています。部屋中が「となりのトトロ」グッズであふれた部屋まで用意している。日本でここまで徹底してやるのは、東京ディズニーリゾートぐらいではないでしょうか。

最近、中国のホテルで流行っているのが、部屋の中にミニテントを張ること。子供にとっては、そこに「自分だけの世界」ができるからです。テントなんて何千円しかしないのに、満足度が劇的にアップする。

よく聞く不満が、日本の旅館やホテルは、大人への目配りは万全で、千羽鶴が置いてあったり、アメニティグッズに手書きのメッセージがついていたりするのに、子供向けのものが全然ないということです。

子供向けの可愛いアメニティも用意して、子供に向けたメッセージがあってもいいはずです。ハローキティのグッズが置いてあって、キティちゃんが自分にメッセージをくれていたら、子供のテンションも上がります。

ある高級旅館で、こんな事件がありました。中国人は温泉が大好きですが、人前で裸になる習慣がない。だから、自分専用の温泉のついた部屋を選ぶ。その高級旅館も、部屋に大きなデッキがついていて、露天風呂があった。ある中国人の親子が、そこで花火をやってしまったのです。これでは火事になりかねない。

この旅館の日本人オーナーは「考えてみたら、防ぎようはあったんだ」と、むしろ反省されていました。最初から旅館側で花火を用意しておいて「歩いて10分のところにビーチがありますから、花火はそこでやってくださいね」と説明すればよかったのだと。

私も同感です。そのサービスを仮にプラス５０００円で提供しても、プチ富裕層は大満足するでしょう。

子供が走りまわってうるさいというなら、子供が遊べるものを用意すればいい。部屋の中のテントでも、部屋の外の花火でもいい。いまトラブルだと考えているものが、アイデア次第でビジネスチャンスに変わるのです。

私自身、家族旅行をするときは、必ずシートトリップで訪問先を調べます。調べるといっても、大人がどう評価しているかではなく、子供がどう評価しているかを調べるのです。まずは子供に喜んでもらうことを考える。それが中国人の家族旅行なのです。

日本を家族旅行しているプチ富裕層には、自分のためではなく、子供のために旅行している人も少なくない。子供さえ大満足するのであれば、料金が高くなったとしても彼らは文句をいいません。

## 子供用を作ったから神薬になった

子供を大切にする文化ですから、ベビー用品や子供用品の市場はものすごく大きい。日本企業にもチャンスがいっぱいあると思います。

ただ、何が求められているのか、見極めが肝心です。私はかつて中国に帰るとき、よくドラッグストアで離乳食をお土産に買っていきました。中国にはこんな便利なものが存在しない。種類も豊富だし、中国のママさんたちは大喜びすると考えたわけです。

ところが、反応がイマイチなのです。「どうしてなのかな?」とよくよく考えてみたら、中国のママたちは離乳食作りに困っていない。離乳食作りは、家政婦さんがやる仕事だからです。「そうそう。こういうのを待っていたのよ」と大喜びされる展開を予想したのは、私も完全に日本のママになっているということでしょう。

中国人である私ですら、中国のママさんたちが何を求めているのか、読み間違ったわけです。「離乳食作るのって面倒だからな」というのは、日本のママの感覚であって、中国のママの感覚ではなかった。

一方、訪日中国人がよくドラッグストアで買うのは、子供向けの目薬や、日焼け止め。刺激が大人用ほど強くないやつです。こういう商品は中国に存在しないし、さすがの家政婦さんも作れない。だから需要がある。

もう死語になった感がありますが、「日本に行ったら絶対買うべき神薬12」というのがありました。つねにランク入りしていたのが、小林製薬の「熱さまシート」。おでこにピタッと貼って、熱を下げるシートです。

でも、この熱さまシート、最初から人気があったわけではないのです。むしろ、まったく中国人から相手にされなかった。流れを変えたのが「子供用」として、小さなサイズを発売してからです。

子供にお金は惜しまない中国人ですから、子供のためなら何でも試してみる。「意外といいじゃん」となって、大人も使うようになり、最後は神薬に選ばれるまでになった。

まずは子供を攻略する。大人はあとからついてくる——。こういう発想は、まだまだ日本のインバウンド業界に足りない気がするのです。

## 集中力の上がるサプリメント

私が大きな可能性があると考えているのが、子供用のサプリメントです。子供の偏食を叱らない親でも、さすがにこのままでいいとは考えていない。実は、さまざまなサプリメントを飲ませています。ただ、国産品は信じられないので、輸入物、特にアメリカ製のサプリメントに人気がある。

日本製にも人気があって、私も友人からお土産に買ってきてくれと頼まれます。ところが、ドラッグストアでさがしても、子供向けの商品があまり見つからない。

もちろん、いろんなサプリメントを組み合わせて飲めばいいのです。それはわかっている。でも、専門知識がなければ、どれを買っていいかわからないし（友人に頼まれてドラッグストアに立った私自身がそうです）、面倒くさい。「ひと工夫するだけで、爆発的にヒットするはずなのに……」と残念な気分になります。

いま大人の中国人にすごく人気を呼んでいるのが、ファンケルの年代別サプリメントのシリーズです。「30代からのサプリメント男性用」「60代からのサプリメント女性用」といった風に、年代別・性別に分けて、その世代に必要な栄養素をパッケージしている。訪日中国人にものすごく売れています。これなら、何も考えなくても選べる。それでいて、効きそうな気がする。そもそもサプリメントは、今日飲んで、明日効果が出るタイプの薬品ではありません。イメージのほうが大切なのです。「この年代には、この栄養素が足りていないんです」とプロに断言されたら、そういうものなのかと思ってしまう。

まったく同じことを、子供向けでやればいい話だと思うのです。「中学生のためのサプリメント」「小学校低学年のためのサプリメント」といった分け方になるのか、それとも「勉強に集中できるサプリメント」「背が伸びるサプリメント」といった分け方になるのか、薬事法の縛りもあるので、私には何ともコメントしようがないですが。

サプリメントが中国に入ってきたのは2000年ぐらい。八〇後が成人になり始めるぐらいのころです。だから、七〇後より前の世代は、いまひとつサプリメントを信用していない。自分も飲み、子供にも飲ませるのは、まさに八〇後九〇後なのです。

訪日中国人の中核が、子供向けのサプリメントを求めているわけですから、ぜひこの機会にファンになってもらって、帰国後も買い続けてもらうよう工夫すべきです。

# 第　5　章

# 「インバウンドは大阪に学べ」

©MASAO ISHIHARA/SEBUN PHOTO/amanaimages

## 旅行消費の半分を外国人が占める時代

2019年版の「観光白書」によると、地方をおとずれる外国人が急増しています。2018年の消費額に占める割合は29パーセントで、3年前の6割増しになっていますが、特に地方の伸びが顕著なのです。

2018年の訪日外国人数は3119万人。日本の人口の4分の1にあたる人々がやってきて、ここで消費をする。ものすごくザックリ考えれば、人口が25パーセント増しになったようなもので、訪日外国人抜きに景気を考えられない時代になった。

驚くのは旅行消費に占める訪日外国人の割合です。大阪府では46・2パーセント、東京都では44・8パーセントと、もう半分にせまる勢いなのです。

右の数字を見てわかるように、もっとも勢いがあるのが大阪です。

最近、「心斎橋が中国になってしまった」という報道をよく目にします。実は、この見方は向こうでも同じで、SNSに道頓堀の写真をアップして「ここは上海でしょうか？　北京でしょうか？　いいえ、大阪です」といったネタをよく見かける。中国人からしても、繁華街に中国人しかいないように見えている。

民泊が３種類ある（あとでくわしく説明します）なかで「特区民泊」は、なんと92・８パーセントが大阪市に集中しています。その利用者の８割ぐらいは中国人だそうです。

では、どうして中国人はここまで大阪が好きなのでしょうか？　そこからヒントにできることが多いので、まずはそれを考えましょう。

## 関空はLCCが多い

観光客や旅行会社に「なぜ大阪に行くのですか？」とたずねると、まず間違いなく「便利だし、安いし、ほかに考えられないよ。逆に、どうしてそんなこと聞く必要があるの？」という反応が返ってきます。

実際、中国からのＬＣＣ就航数は、関西国際空港までが週36便、成田空港までが週22便、羽田空港までが週11便と、圧倒的に関空が多い。

もちろん成田と羽田を合わせて東京と考えると、便数としてはそんなに差がないのですが、安売りのチケットは関空のほうが多い。旅行会社の人にとっては、関空行きのチケットは数が出るので、確実に押さえられるメリットもあるようです。

ちなみに、LCCじゃないレギュラー便は、1340便のフライトが関空に到着するそうですが、そのうち503便が中国からのもの。とにかく便数が多い。だから、大阪をおとずれる外国人の46パーセントが中国人になるのです。

読者のなかには「プチ富裕層なのにLCC？」と思われた方がおられるかもしれません。でも、上海～大阪は2時間ほど。上海～九州なら1時間半です。たったそれだけの時間なのに、チケット代を何倍も出すのはバカバカしい。ビジネスで来るならともかく、観光旅行ではそれぐらいの時間は辛抱できる。

飛行機代は節約して、そのお金でブランド品を買ったり、高級料理店に通ったりするほうが賢い――。そう考えるのが、中国人なのです。

ちなみに、大阪は物価も安い。ホテルも東京より2～3割安い感覚だそうです。それなら大阪を選んで、同じお金でゴージャスなホテルに泊まるべきだと。

買い物をするときだって、物価が安ければ、たくさん買えます。もちろん、東京でしか買えないものは存在するでしょう。でも、ドラッグストアで買い物するぐらいなら品ぞろえは変わらないうえ、大阪のほうが安い。

それに、中国語対応している店が多いのです。デパートの化粧品売り場も、ドラッグストアも、東京に比べて中国人店員がいる比率が高い。POPも中国語で書かれていたりするので、言葉に苦労しない。

大阪に泊まれば、京都も神戸も奈良も日帰り圏内です。観光地をいくつもまわれる。東京だと、周辺に遊びにいく場所が少ない。観光資源は関西のほうが圧倒的に豊富だと、中国人は判断しているわけです。

## 旅の足がなければ地方には行かない

訪日中国人の悩みは、旅の「足」です。レンタカーを借りて、好きなように移動することができない。

中国で個人保有されている自動車は1・8億台。私がプチ富裕層と名づけた人たちは、だいたい運転免許証をもっていると考えていい。まあ、運転手を雇っても月10万円はかからないので、日常的に自分で運転しているかどうかは別ですが。

しかし、中国の運転免許証では、日本での運転が許されていないのです。

では、日本に来たとき、どうするのか？　東京は交通機関が発達していて、さほど不便を感じることはありません。でも、地方に行くと、電車が1時間に1本、バスが2時間に1本だったりして、ものすごく苦労する。団体旅行者は大型バスが送迎してくれますが、個人旅行者はタクシーをチャーターすることが多い。

家族で来る場合、運転手（兼ガイド）ごとワンボックスカーをチャーターすれば、大阪に泊まって、京都や神戸へ遊びにいくのも楽になります。もちろん京阪神は交通機関が発達していますが、小さな子供を連れての電車移動も大変ですから。

たとえば大阪で車をチャーターして、大阪城、黒門市場、住吉大社、桜之宮公園をまわるコースの場合、一人374元（約6000円）。私がネットで見つけたものは4人乗りの車しかなかったので、5～6人で来た場合は2台頼む必要がありますが。

ちょっと足をのばすとしても、それほど高くないのです。同じく大阪で車をチャーターして、奈良の東大寺、奈良公園、京都の平等院、嵐山をまわるコースでも、一人650元（約1万円）ですから、子連れであれば使う人は多いと思います。

チャーターした車に、空港まで迎えにきてもらうことも多い。でも、成田〜東京は距離が離れすぎていて、高くつく。羽田は逆に便利すぎて、電車でも不便を感じない。そういう意味で、関空は絶妙な距離にあるわけです。

こうした中国人向けタクシーには、国から営業許可を得ていない「白タク」も少なくないはずです。でも、支払いは中国にいるあいだにアリペイやウィーチャットペイですませているので、空港で取り締まろうにも、「親戚を迎えにきただけだ」と言い張られてしまっては、それ以上、追及できないのです。

この「足」の問題を放置したまま、地方にインバウンド需要を呼びこもうとしても、無理があると思います。地方には車でしか行けないような旅館も多いので、このままだと白タクもはびこるままです。

なんらかの条件付きであっても、レンタカーの使用を認めるようにするとか、解決策を考える必要があると思います。アメリカでは中国の運転免許証で運転できますが、特に問題は起きていないのですから。

## もっとも日本らしくない都市?

人民日報系列の新聞で、海外ニュースを中心に報道している「環球時報」が、大阪を「もっとも日本らしくない都市」と紹介したことがあります。「東京人が他人行儀でクールなのに対し、大阪人は率直で情熱的。東京の電車内は静かだが、大阪の電車内は笑い声がよく聞かれる」と。

たしかに、私自身、こんな声を聞いたことがあります。

「東京の地下鉄は話もしちゃいけない雰囲気だけど、大阪の地下鉄は大声で話している日本人がいるので安心する」

「東京へ行くときは、きちんとした格好をするとか、少し身がまえちゃう。大阪へ行くときはちょっとラフになる」

中国人に大阪のイメージをたずねると、必ず出てくるのが「熱情《ルーチン》」というキーワード。情熱的でフレンドリー。世話好きで、親しみやすい。東京を歩いていて声をかけられることはないのに、大阪を歩いていると、普通に話しかけられたりする。

グリコの看板の前でたこ焼きをほおばる。これぞ大阪の醍醐味

居酒屋に入っても、中国語のできない日本人店員が、カタコトの英語で盛り上げてくれるので、退屈しない。「楽しく飲めるのは、圧倒的に大阪だ」と。

## 食べ歩きしやすい雰囲気

中国人は椅子にすわらないと、食事がとれない。そのくせ「小吃《シャオチー》」と呼ばれる軽食は食べ歩きする。そんな話を、前作でしました。羊の串焼きとか、サンザシの実を串にさしたものとか、軽いおやつは歩きながら食べる。

最近は上海でも食べ歩きしにくい雰囲気がありますが、日本に来ると、もっとできない。それを寂しく感じている中国人は多いのです。日本旅行で文句が出ることはまずないのですが、数少ない不満のひとつがこれです。

たとえば東京・浅草の仲見世に行くと、いろんなところに「食べ歩き禁止」と張り紙がしてある。せっかくさまざまな屋台が出ていてワクワクしているのに、これでテンションが一気に下がってしまう。

ところが、彼らに聞くと、「大阪は食べ歩きしやすい雰囲気がある」というのです。たこ焼きやねぎ焼き、串カツなど、小吃もいろいろある。

小吃には甘いものもふくまれます。なぜかいまになって人気なのが「いちご大福」で、コンビニで買って、その前で食べている写真もよく見かけます。

クレープも人気の小吃です。フルーツの入ったクレープが特に人気があるようです。上海や北京といった大都市の人間にとって、もはやクレープは珍しいものではありません。でも、地方にはまだクレープ屋がない都市がいっぱいある。

最近すごく人気になっているのが、焼きたてチーズタルト専門店「ＰＡＢＬＯ」です。心斎橋店の写真はさまざまな投稿で見かけます。行列してでも、ここでチーズタルトを買い、外で食べるのが楽しい。

ＰＡＢＬＯ心斎橋店がＳＮＳによく登場するのは、食べ歩きのしさすさが原因？

ＰＡＢＬＯは大阪発祥とはいえ、全国にたくさん支店がある。どこでも食べられるにもかかわらず、なぜか大阪観光とからめてＳＮＳに登場することが多いのは、やはり食べ歩きと関係があるように思うのです。

面白いところでは「大阪で鶏皮に目覚めた」という投稿がありました。もちろん中国でも鶏皮は食べますが、脂っこいイメージをもっていた。炭で焼いて脂を落とした日本の鶏皮は、パリパリして新食感だと。

観光庁やＪＮＴＯは、日本のナイトエンターテインメントの乏しさを問題視して、遅い時間帯に能や歌舞伎といった伝統芸能を外国人に見てもらえるアイデアをねっています。でも、中国人の感覚からすれば、こうした小吃を片手に、派手なネオン、にぎやかな声のなかをブラブラするだけで、十分に楽しい。

こうした食べ歩きの楽しさも、中国人観光客にとっては意外と重要なファクターなのです。

## 喧騒が心地いい

日本の色彩感覚はおさえめで、中国人にはもの足りない感じがすることがあります。中国人はもう少し派手なものを好む。

しかし、大阪の街は派手です。巨大なグリコの看板や、巨大なフグ、巨大な動くカニ（本章扉の写真）といったデコレーションは、大阪でしか見られないもので、すごく面白く感じられる。派手好みの中国人からすると、「こんなものが日本にも存在したんだ」とうれしくなる。無国籍で、無秩序な感じが楽しい。

しかも、街を歩けば、あちこちからおいしそうな匂いがただよってきます。店員さんたちもオープンで、外国人相手でも平気で声をかけてくる。静けさよりも喧騒に慣れた中国人には、なんとも居心地のいい空間なのです。だから、同じ大阪でも、すましたキタ（梅田）よ

巨大なフグちょうちんに、中国人は異国情緒を感じている

り、ガチャガチャしたミナミ（難波）のほうが人気です。

日本人は職人的、中国人は商人的。そんなイメージは、日本でも中国でも共通してもたれているのではないでしょうか。そういう意味で、中国人は商売上手な人を高く評価するところがあります。「おぬし、なかなかやるな」と。そういう点でも、大阪人の商売のうまさについて評価する声が少なくありません。

たとえば、大阪に来たら、誰しもグリコの巨大看板をバックにして写真が撮りたい。あるドラッグストアの２階に絶好の撮影ポイントがあるのですが、つねに窓が開けられており、「ご自由に撮影してください」と中国語で書いてあるそうです。決して「買い物しない方はお断りします」なんて野暮をいわない。

そうなると、かえって「この店で買い物してあげよう」という気分になる。だから自撮りしたあと、お店で商品を物色する中国人が多い。こういうサービスを見て「大阪人は商売がうまいなあ」と感心するわけです。

日本人は真面目に品質の高いものを作るけれど、商売はうまくない。そんな評価が一般的ななかで、大阪だけは別格のあつかいを受けている。値切り交渉がやりやすい、という声もあります。

## 大阪にも大媽はいた

ネット上でよく見かける言葉が「大阪大媽《ダーマー》」。大媽とは、おばさんのこと。いわゆる「大阪のおばちゃん」です。大阪のおばちゃんも、ちゃんと大阪名物として認識されているのが面白い。

大阪大媽の4点セットは、パーマをあてた髪の毛、ヒョウ柄の服、UVカットのサンバイザー、カバンに入れた「飴《あめ》ちゃん」。一方、中国の大媽の4点セットは、つば広の帽子、サングラス、花柄のスカーフ、自撮り棒。そんな比較記事も見つけました。

おばちゃんの派手さが中国と似ている、という指摘がけっこう多いのです。中国で大媽と呼ばれる人はだいたい60代〜70代。いわゆる文革世代ですから、文革中は地味な格好しか許されなかった。その反動で、派手なファッションを好むのです。大媽と聞いて誰しも連想するのが、あざやかな色のスカーフです。

七〇後八〇後が子供時代に派手な格好をさせられた反動で、いまは無印良品のような「性冷淡」なファッションに惹かれる、という分析を前作でしました。そもそも派手な格好をさせられたのは、親の世代がそういう服を好むからなのです。

大阪のおばちゃんは話題にされやすい存在ですが、中国の大媽も同様です。マナーの悪さでひんしゅくを買っている。

リタイアして時間のたっぷりある世代です。だから、きれいなＩＫＥＡで時間をつぶす。暑さ寒さを避けられるし、眠くなったらベッドもある。友達と集まって時間をつぶすのに、こんな快適な場所はないのです。

ＩＫＥＡのレストランは安い。ホットドッグは1元（約16円）です。しかも、会員になれ

スペースがあれば、どこでも広場ダンス ©Polaris/amanaimages

ば（すぐになれます）コーヒーが無料なのです。そこで、大媽たちはヒマワリの種をもちこんで、それを食べながら、無料のコーヒーを飲み、談笑する。座席を長時間、占領し、ヒマワリの食べかすを床に落とす。さすがのＩＫＥＡも「レストランを利用される際は、何か1品、ご注文ください」と張り紙を出すようになった。

老人の集会の場は、ＩＫＥＡだけではありません。いま社会問題化しているのが、20～30人でやる「広場ダンス」。公園でも、街角でも、ちょっとしたスペースを見つけては、大音響で音楽を鳴らしてダンスをやる。

みんなが寝ている朝6時から踊ったり、子供が宿題をやる夕方の時間帯に踊ったりするので、各地でトラブルを起こしています。子供たちがバスケットボールをやっているのを追い出してダンスを始めたときはニュースになりました。誰かから注意されて、喧嘩になることもしょっちゅうです。

大媽たちの子供は七〇後や八〇後で、エリートなら海外勤務になったりします。すると大媽もニューヨークまでついていき、グリーンカードをとって住む。で、アメリカの街角で広場ダンスをやったりするのです。ヨーロッパでもやっています。ネット上には「中国人の恥だ」という批判があふれている。

## 上海ガニを復元できるように

大媽たちは文革世代なのでちゃんとした教育を受けられなかったし、荒々しいところがあるのです。人と争うことにも、あまり抵抗がない。教育レベルが高くおとなしい「仏系」九〇後の対極にある。

文革前の上海にも上流階級がいました。たとえば上海ガニを食べるなら、食べ終わったあとの甲羅や足を組み合わせて1匹に復元できるぐらい、きれいに食べる訓練をした。上品な所作が身につくよう、きびしくしつけられたわけです。

しかし、文革時代になると、そうしたお嬢様文化はブルジョワ的だと批判されます。むしろ汚く食べ散らかして、専用器具を使わず口でべいべいしたほうが、「ぶってない女性」だと評価されるようになった。大媽たちは、そんな文化を引きずっている。

そんな大媽たちも、時間とお金に余裕はあるので、海外旅行には行きます。

この世代は、ポーズをとって写真を撮る。文革時代に流行したダンスの名残りです。そのために旅行先で、撮影ポイントを長時間、占領することになる。日本へ花見に来て桜の木にのぼったり、枝を折ったりするのも、この世代です。

旅館のアメニティでも、ドラッグストアの試供品でも、もらえるものは全部もらっていく。男性用化粧品もスリッパも根こそぎです。「盗むならともかく、タダであげるといわれているものを、もらわないなんてバカだ」という感覚なのです。

おそらく日本で「マナーの悪い訪日中国人」といわれる人の多くが、この世代ではないかと思います。でも、八〇後九〇後といった若い世代とはまったく別人種だということは強調しておきたいと思います。

## 民泊が大阪市に集中している理由

さて、大阪の街が中国人の好みに合うとして、それだけでは、特区民泊の92・8パーセントが大阪へ集中していることの説明にはなりません。ここまで独占状態になるのは、もちろん理由があります。

民泊には3種類あります。厚生労働省の旅館業法で定められる民泊。国土交通省の住宅宿泊事業法（いわゆる「民泊新法」）で定められる民泊。国家戦略特別区域法で定められる民泊です。

旅館業法は構造基準等がきびしく、手続きに時間がかかる。住宅専用地域で営業することも認められません。

それに対して、新しくできた新法民泊は、許可制から届出制に変わり、手続きが格段に楽になりました。住宅専用地域に作ることもできる。

ところが、新法民泊にはネックがあります。営業日の上限が「年間180日まで」と決められているのです。個人が「外国人と交流したい」みたいなノリで、自宅を使って民泊をやる場合、手続きも簡単だし、すごくいいのです。でも、このために新規に家を買って、ビジネスとして民泊をやりたいと考えている人にとっては、半年しか稼働させられないのでは投資を回収できない。

そこで、第3の特区民泊です。新法よりは手続きが難しいけれど、旅館業法ほどではない。営業日の上限がないし、フロントを置く必要もない。かつては滞在日数の下限が6泊7日だったのですが、2泊3日に緩和されて、より利用しやすくなった。ビジネスとしての民泊を考えている人にとっては、特区民泊がベストなのです。

ところが、国家戦略特区（首都圏や京阪神の大半が指定されています）にある土地なら、どこでも特区民泊がひらけるかというと、そうではありません。国家戦略特区内にあるその自治体が条例を作らないかぎり、認められない。

東京にはものすごい数の観光客がおとずれますが、条例を作ったのは大田区だけです。羽田空港に近いからでしょう。つまり、中央区や港区、新宿区や渋谷区など、観光客の多い土地では特区民泊は許されないということです。

福岡市、札幌市といった訪日中国人に人気の都市も、条例を作っていません。北九州市、千葉市、新潟市など、現状ではあまり観光とは縁のなさそうな場所にしか条例がない。そんななか、大阪市は条例をもっているのです。

規模が大きくて、知名度が高く、観光資源が豊富という意味で、大阪市のライバルが見当たらない。これが92・8パーセントのカラクリでした。もしも京都市や神戸市、福岡市や札幌市が条例を作ったら、この割合は下がるはずです。

ちなみに、新法民泊のほうも、大阪は15パーセントを占めて第1位ですから、ダントツに人気があること自体は間違いありません。

## なぜ東京と比べるのか

大阪の民泊は外国人オーナーが多い点に特徴があります。特に中国人が多い。大阪観光局の人に聞くと、清潔だし、サービスもしっかりしているし、すごく安いと。だから、SNSで調べても、けっこう評価が高いのです。中国人よりは日本人のほうを信用する中国人が、こと民泊に関しては中国人オーナーを評価している。

民泊を経営する中国人たちにも、「どうして大阪を選んだのか?」を聞いてみました。最大の魅力は不動産の安さのようです。

３０００万円ぐらい出せば、大阪の中心部から電車で15分ぐらいのところに一軒家が買える。東京だととうてい無理で、埼玉や千葉まで行かないかぎり一軒家は買えません。しかも、２０２５年には大阪万博が開催されるし、カジノを誘致する可能性もある。値上がりが期待できるので、不動産投資としても妙味があるわけです。

彼らは口をそろえて「東京より不動産が安い」「東京より観光資源が豊富」「物価が安い。焼肉でも東京の7割ぐらいで食べられる」「買い物するにしても、東京と同じ品ぞろえで、それより安い。お得だ」といいます。つねに比較の対象が東京なのです。

この話を日本人の友人にすると、予想外の反応が返ってきました。

「たしかに昔は、大阪は東京のライバルだったよ。でも、いまや東京一極集中が進んで、東京のライバルが存在しなくなった。外国でいえば、パリとそれ以外、ソウルとそれ以外みたいな感じだよ。大阪はワンノブゼムになってしまって、むしろ横浜とか名古屋とか福岡とかと比較される存在になっちゃったんだ」

そこで、都市別のＧＤＰ（２０１７年）を調べてみました。東京９７５０億ドル、上海

４４６４億ドル、北京４１４８億ドル、深圳３３２４億ドル、広州３１８５億ドルです。一方、大阪１８６３億ドル、横浜１５００億ドル、名古屋１２２５億ドル。大阪は東京の５分の１以下しかない。友人のいう通り、大阪のライバルは横浜や名古屋のようです。

人口も調べてみました。２０１９年６月のデータでは、東京23区が９２７万人です。２位は横浜市の３７２万人、３位が大阪市の２６９万人、４位が名古屋市の２３０万人。大阪は人口で横浜市に負けてしまっている。

正直、ビックリしました。私はもう20年も日本に暮らしていますが、こんなことは知らなかった。東京と大阪の関係を、上海と北京のようなライバル関係だと思いこんでいた。大多数の中国人も同じイメージでとらえていると思います。

## A5ランク和牛は東京と大阪だけ

中国人はランキングが大好きだという話は前作でもしました。まだ社会が成熟していないぶん、権威ある人のつけた評価が気になる。だから、ミシュランが大好きだし、ステーキ屋や焼肉屋では「A5ランクの和牛」にこだわる。A5というのは日本の基準なのに、中国でもよく知られている言葉なのです。

都市でいえば等級です。国が指定したものではなく、雑誌『第一財経週刊』がつけたものなのですが、1級都市から5級都市まであって、1級都市は四つしかない。北京、上海、広州、深圳だけです。

2017年に新1級都市が15個、追加されましたが、1級都市と新1級都市のあいだには、大きなギャップがある。1級都市に住んでいるほうがメンツがたつのです。

南京は新1級都市です。都市として上海とは比較にならないほどの歴史があるし、中国の首都になったことが何度もある。人口も833万人と、大阪の何倍も大きい。でも、南京の人はなんとなくコンプレックスをもっている。

先日、10年ぶりに南京の友人をたずねました。食事しようという話になったのですが、彼女がいうには「こんな田舎に、しゃれたお店なんか全然ないよお。伝統的なモツ焼きとか嫌でしょ？　ホテルのラウンジで食べようよ」。実際問題、お店がないとは思えないのですが、こういう自虐的な発言をするぐらい、1級都市と新1級都市はまったく別物だ、という感覚があるのです。

さきほどの都市別GDPを見ても、1級都市のなかでも上海と北京がダントツで大きい。このふたつは超1級都市というべき存在で、永遠のライバルなのです。上海は経済の街、北京は政治の街という性格の違いはあるものの、ほかの都市とはまったく違う存在だと考えられている。

そのイメージを日本に置き換えたのが、東京と大阪なのです。東京は政治の街ですが、大阪は経済の街。切磋琢磨《せっさたくま》するライバルだと。経済のジャンルにおいては、東京を凌駕することもあるのが大阪だ、というのが中国人のイメージなのです。日本で不動産を買うとしたら、東京か大阪か、ふたつにひとつしかないと。

だから、仮にいろんな都市に特区民泊が作れるようになっても、中国人は大阪に集まると思います。東京と大阪しかA5ランク和牛と呼べる都市はないと考えているからです。それが中国人の発想です。

中国人なら誰しも、東京と大阪の名前は知っています。札幌や福岡や名古屋の名前を聞いたことのない人でも、大阪は知っている。大阪に中国人が集まる理由をいろいろ紹介しましたが、意外と「東京にならぶ大都市」というイメージが大きいのかもしれません。

でも、この認識のズレは、大阪にとって大きなチャンスです。このペースで訪日客が増えていき、消費金額も増え続けていけば、東京のライバルに戻る道だって見えてくるかもしれない。そういう意味では、いち早く特区民泊の条例を作ったことを、私は評価したい。このチャンスを逃してはいけないと思います。

## トイレはふたつ、お風呂はひとつ

さて、民泊人気が急上昇している背景には、中国人の旅行スタイルがあります。前章で見た子供連れの旅です。

中国人向け民泊の経営者に聞き取りしましたが、宿泊者は5〜6人のグループが多いようです。4LDKの一軒家だとすれば、マックス8人ぐらいは泊まれるでしょうが、5〜6人が多い。

家族であれば、お父さん、お母さん、子供に、おじいちゃん、おばあちゃんを加えた5人。祖父母は抜きで、親しい2家族が6人で来ることもあります。若いカップルが3組とか、会社の同僚5〜6人とかいうパターンも多い。

私も子供を連れて、仲のいい家族とグループ旅行することがあるのですが、ホテルで部屋が別々に分かれていると、行ったり来たりがなにかと不便なのです。みんな一緒にいられるリビングがあって、なおかつ個室もあったほうが快適にすごせる。ホテルでなく民泊を選ぶ気持ちはよくわかります。

ただし、2家族で来る場合、トイレがふたつあることが絶対条件なのだそうです。

その一方で、2家族でも、お風呂はひとつで気にならない。中国人は日本の温泉が大好きですが、湯舟につかること自体が好きなわけではない。基本、シャワーですませてしまいます。ビジネスホテルに泊まったときなど、部屋が狭いので、バスタブを荷物置き場に使う人も少なくない。

私の友人が京都でやっている民泊は、中庭にお風呂を置き、木の枠で囲って露天風呂風に演出しています。「なんちゃってヒノキ風呂」みたいにすると、ものすごく喜ばれて、民泊の人気が高まる（もちろん、お湯は温泉ではなく、普通の水道水なのですが）。顔値が高ければ、SNSで自慢できるからです。

でも、そこまでこったお風呂でなければ、そこにはこだわらない。そもそも日本の家屋でお風呂がふたつついている物件はものすごく少ないでしょうから、2家族にひとつでも気にしないわけです。

なお、小さな子供連れも多いので、ベビーカーのついている物件が人気だそうです。あんな重いものを日本まで運んでくるのは大変だからです。

同様の理由で、絶対不可欠なのが洗濯機。夏場に旅行すると汗をかくので、1日に2回も3回も着替えることがあります。5泊6日の旅行だと、着替えだけでものすごい量になる。宿で洗濯できるなら、荷物が減らせて助かる。洗濯物を物干しざおに干してから、家族で観光に出かけているわけです。

## 民泊オーナーがコンシェルジュ

民泊のオーナーは日本に住んでいますが、お客さんが中国にいるあいだから、頻繁にウィーチャットでやり取りしています。日本に来てからも、疑問があれば、なんでもすぐウィーチャットで聞く。要はコンシェルジュの役割を果たすわけです。

もっとも多い質問は「A5の和牛が食べられる焼肉屋を教えてくれ」。刺身が苦手な中国の子供も、日本風の焼肉は大好きですから、家族で来た場合、ファーストチョイスは焼肉屋になるのでしょう。

次に多い質問は「いまスーパーにいるんだけど、肉の部位がよくわからない。どれを買ったらいいんだ?」。けっこうスーパーで買い物をしている。

大阪で連想するのは神戸牛です。日本に来たからには、最高級の神戸牛が食べたい。でも、子供やおじいちゃん、おばあちゃんをひき連れてレストランに行くのも大変なので、スーパーでいちばん値段の高いお肉を買って、民泊で焼く。「一人５０００円ですんだから、お得だったね」という世界なのです。

お肉だけでなく、刺身の盛り合わせやお寿司のパックを買うことも多いようです。魚の種類はよくわからないけれど、日本に来たからには、なんでも体験してみたい。「この魚は初めて食べるけど、おいしいね」「これは口に合わないな」と、感想をいい合うのが楽しい。コト消費として、刺身や寿司を食べているわけです。

もちろん、チャーハンや春雨、春巻きといった中華系のお惣菜には絶対に手を出しません。やはり日本の中華料理はおいしくないと思っている。

## 5000円のメロンはお得

かつて団体旅行がメインだった時代、スーパーはインバウンドとは無縁の存在でした。訪日客は決められた土産物屋で買い物をし、決められたレストランで食べ、決められたホテルに泊まった。既定のコースから外れることがなかった。

でも、個人旅行が主体となり、スーパーやコンビニで買い物をする訪日中国人も増えた。大きな変化です。

これは民泊に限りません。ホテルに泊まる人も、お寿司のように火を通さなくても食べられるものをスーパーで買い、部屋で楽しんでいる。スーパーもインバウンド対策をすべき時代になったということです。

言葉の壁があるので、精肉店で買い物をする中国人はほぼいません。みんなスーパーで買い物をしている。だったら、専門の精肉店並みの高級和牛をスーパーにならべても、中国人なら買います。むしろ高いもののほうが喜ばれる。

中国で買うのと比べて、安いか高いか――。これが中国人の判断基準です。お得だと感じたら、日本人がビックリするぐらい買う。

ウィーチャットに、日本のスーパーで買った５０００円の高級メロンや、１８００円の高級桃の写真がアップされていたりします。べつに超富裕層が買っているのではなく、ごく普通のＯＬが、そういうものを買っているのです。中国の富裕層向けスーパーで輸入品を買うと、もっと高いし、新鮮さでもかなわない。「ならば、せめて日本にいるうちに食べておこう。だって、お得なんだもん」と発想する。

日本人の感覚だけで判断してはいけません。日本人にとっては「こんな高いもの、誰が買うんだ」と思う商品でも、中国人から見ると「なんて激安なんだ。向こうで買ったら、これの倍はするよ。全部買い占めたいぐらいだ」となる。そういう商品は、山ほどあります。値段だけ見ていては、このへんの感覚が理解できない。

コンビニだって同様です。プロローグで牛乳の話をしましたが、ちょっと値段の高い高級牛乳を置いても、「なぜ高いのか」さえ漢字で伝わるようにしておけば、中国人は喜んで買うと思います。

ローソンがアリペイでの買い物のデータをとっている話はしました。アリペイを使った人の購買金額は平均800円で、平均単価の1・2倍だそうです。普通の日本人より買い物をしているのです。「少しぜいたくな果実酒」「少しぜいたくな牛乳」「少しぜいたくないちご大福」……。さまざまな商品で高級路線を用意してみる手はあります。

## 日本は火鍋天国だ

民泊の中国人オーナーたちに聞くと、「立派なキッチンがあるんだから、もっと料理するのかと予想していたのに、そうでもなかった」。本格的な中華料理を作る場合、日本のガスコンロでは火力不足かと心配していたら、杞憂《きゆう》だったと。

中華鍋を置いている民泊は多くありませんが、どこでも必ず常備しているのが、ホットプレートと鍋です。鍋といっても土鍋ではなく、コンロにかける金物の鍋。

民泊でもっとも作られている料理は、なんと「火鍋《フォグオ》」だったのです。

火鍋という言葉が入ってきたとき、四川風の激辛鍋とセットで紹介されたので、「口から火が噴き出すほど辛い鍋」のことだと誤解している日本人が多いのですが、火鍋とは「火にかけながら食べる鍋」のことです。日本のしゃぶしゃぶをイメージしていただけばいいと思

大阪のある民泊では、あまりに火鍋人気が高いため、中華料理屋から火鍋専用の鍋を購入したという（撮影協力は、中国の民泊仲介サイト最大手「途家」）

います。

　四川料理は辛いので、四川では辛い火鍋が好まれる。でも、たとえば上海の火鍋は、まったく辛くありません。タレのほうを辛くして、それにつけて食べることはありますが、鍋自体は辛くない。

　日本では、料理のできない人でも寄せ鍋だけは作ったりします。それと同じで、もっとも簡単な料理を旅先では選んでいるわけです。家事は家政婦さんにまかせているので料理が苦手なママさんもいますし、火鍋なら洗い物だって楽です。寄せ鍋はまだ具材を入れる順番があったりしますが、火鍋はしゃぶしゃぶなので、さらに簡単なのです。

訪日中国人たちに聞くと、「日本は火鍋天国だ」といいます。お肉にせよ、魚にせよ、中国では考えられないぐらい新鮮なのに、値段が安い。「こんなに安くていいの？」とビックリするぐらい安い。

生食が苦手な人がいても、鍋なら全員が楽しめます。ちなみに私の母親も、いまだに魚を生で食べることに抵抗があるようで、刺身用の新鮮な魚を買ってきては、しゃぶしゃぶにして食べています。

一方、野菜はあまり鍋に入れない。野菜が嫌いというわけではなく、むしろ大好きなのですが、中国に比べると、日本の野菜は種類が少ない。しかも、値段は中国より数倍高い。要は「お得感」がないのです。

圧倒的にお得感があるのはお肉や魚です。だったら、野菜でおなかいっぱいにせず、お肉や魚でおなかいっぱいにするほうが賢い。経済合理性で考える中国人は、「主役」ばっかり鍋に投入する展開になるわけです。

私はポン酢が大好きなのですが、あまりなじみがないようで、みんなゴマダレ系のものを選ぶようです。なかには、わざわざ中国から調味料だけ持参する人もいます。東京や大阪クラスの街なら中国の調味料も手に入るのですが、その情報は伝わっていない。

**なんで中国には消臭スプレーがないの！**

スーパーでは意外なものがヒット商品になったりします。いま中国のＳＮＳですごく話題になっているのがランドリンの「ファブリックミスト」。部屋の消臭スプレーです。

そもそもは、民泊の部屋が火鍋の匂いで充満したので、買った人がいたようです。すると、ものすごい効き目に離れられなくなった。

ランドリン「ファブリックミスト」は顔値の高さで人気商品に

「ソファーやカーテンの匂いがあっという間に消える。もうやめられなくなって、中国に戻っても買い続けている」

「どうして中国にこういう製品が存在しないのよ！　あれば、絶対買うのに。お土産に10本も買って帰っちゃった」

そんな記事があふれています。日本に

はたくさんの消臭スプレーがあります。ところが、大手メーカーのものでなくランドリンが選ばれた。ボトルがおしゃれだったからです。顔値が高いので、SNSで自慢しやすかった。ランドリンのホームページでは「タバコや汗などイヤなニオイや菌の繁殖を防ぎます」と説明されているのですが、中国の越境ECサイトの大半には「火鍋の匂い消し」と書いてあります。なぜか火鍋とセットで広まった。そう考えると、おそらくランドリンは民泊発のヒット商品だったのだと思います。

小林製薬は中国でも知られた存在ですが、スニーカー専用の消臭スプレー「オドイーター」がスーパーで人気のようです。こちらはおしゃれなパッケージではないものの、ラベルに「除菌・消臭」と大きく書いてある。スーパーやコンビニで中国人に売るためのポイントは、漢字で表記されているかどうかなのです。

中国人はいったいどんなモノやサービスを求めているのか？　そのヒントは、実は足元にある。民泊が集中する大阪のスーパーで中国人が何を買っているかを調べることで、必ず見えてくるものがあると、私は考えています。

## 一人飲みの文化が生まれつつある

民泊オーナーたちによると、中国人がスーパーで火鍋の材料などを買うとき、必ずといっていいほど日本酒を1本、買い物かごに入れるそうです。せっかく日本に来たからには日本酒を体験してみたい。コト消費の一環だと思います。

最近、急激に伸びてきているのが、果実酒や果汁入りの缶チューハイです。これも、スーパーで訪日中国人に人気の商品になっている。

私が初めて日本に来たとき、さほどお酒が飲めませんでした。そもそも当時の中国には、女性がお酒を飲む文化もなかった。いまではそこそこ飲めるようになったのですが、アルコール度数の低いお酒が日本にはたくさんあるからです。

しかも、こうした低アルコール飲料は、パッケージがしゃれたデザインになっていることが多く、若い女性にも訴求力がある。だから、中国でも人気が出つつあるのです。このジャンルは日本の独擅場だと思います。

日本の若い人がお酒を飲まなくなったといわれますが、実は中国でも同じです。八〇後九〇後は、ほとんど飲まない。中国でお酒を飲むのは、仕事の接待とか、春節に親戚一同が集まったときとか、いわゆる宴会の場です。そこで乾杯をくり返して、徹底的に飲む。

でも、かつての中国には、白酒《バイジウ》のようなアルコール度数の高いお酒しかなかった。白酒は若い人にとっては、「おじさんが飲むもの」というイメージがある。要はダサイのです。そこに参入してきたのが、日本の果実酒や缶チューハイで、スマートな見た目が「お酒のイメージ」を変えてしまった。

中国には、一人で飲む文化がありません。日本人みたいに一人で居酒屋に立ち寄って、静かに飲むことをしない。でも、八〇後九〇後たちは日本のドラマを通じて、一人暮らしの若者が会社から帰って、まずは冷蔵庫を開けて缶ビールをプシュッとするシーンを見ている。それを真似してみる若者が増えているのです。

特に九〇後はインドア派ですから、飲むとしても自宅で飲みたい。自分の部屋で一人飲みする、あるいは友達を呼んで二人飲みする習慣が生まれつつある。それをあと押ししているのが、日本の低アルコール飲料だということです。

キリンビールの中国のコンビニでの売上は、2018年は前年比2・5倍だったそうです。

中国のスーパーには梅酒がズラリとならぶ。チョーヤ梅酒もあるが、値段が高い

缶チューハイや缶ビールを自宅で楽しむ若者は、確実に増えている。

そうした習慣をもった中国の若者たちは、日本のスーパーのお酒売り場に立つと、あまりの種類の多さに歓喜しているはずです。

最近、中国では梅酒ブームです。アルコール度数が低いし、健康にも良いしということで、若者の人気を呼んでいる。健康ブームの一環でもあるのです。

梅酒は中国で生まれたものですが、いつの間にか作らなくなってしまい、誰もが日本オリジナルの文化だと思いこんでいます。抹茶と同じパターンです。にもかかわらず、もっとも売っているのは中国の巨大食品メーカー「旺旺《ワンワン》グループ」なのです。

中国製は1本500円程度ですが、日本製は輸入になるので2000円を超えてしまう。ここまで価格差があると、中国製が選ばれて当然だと思います。

旺旺の梅酒は335ミリリットルで18元（約290円）ですが、なんと月間50万本も売れているそうです。これだけ梅酒ブームで、しかも「本場の日本製が飲みたい」と誰もが考えている。この商機を逃すのは、本当にもったいない。たとえば現地生産して中価格帯のものを作るとか、工夫が欲しいところです。

## 安心・安全を求めて醤油を買う

ほかには、どんなものをスーパーで買っているのか？

まずは、中国では手に入れにくいもの。最近はさまざまな日本の調味料が淘宝にならぶようになり、価格もさほど差がないので、わざわざ日本からかついで帰る人は減っています。それでも、向こうでは見かけない商品もある。

代表的なのがドレッシングです。中国人が野菜を生で食べるようになって、まだ20年ぐらいにしかならない。家庭でサラダを作るようになったのも、この10年ほどです。だから、向こうのドレッシングは種類も少ない。日本のスーパーにはものすごく多彩な瓶がならんでいるので、ワクワクするようです。

ゆず醤油やゆずポン酢なども、香港やマカオのスーパーですらあつかっていないので、隠れた人気商品のようです。

面白いのは、味噌や醤油を買う人が意外に多いこと。味噌そのものを買う人もいれば、インスタント味噌汁を買う人もいる。味噌は日本をイメージさせる食べ物だし、便利でおいしいので人気があるのです。

ただ、この背景には、別の理由もあります。食の安心・安全の問題です。中国で作られた大豆製品に不安をおぼえる消費者が少なくない。「日本の大豆製品なら安心だ」というのが、もっともよく聞く理由なのです。中国の醤油と日本の醤油はかなり風味が違って、同じものとはいえないのに、それでも買う理由はそこにある。

でも、実際には、日本の大豆の自給率は7パーセントです。食用大豆に限っても、25パーセントすら自給できていない。その大半はアメリカ、カナダ、そして中国から輸入されている。そうした事実を知らずに、日本の味噌や醤油を買っている。いかに「日本は安心・安全の国だ」という信仰が強いかの証《あか》しだと思います。

まあ、醤油を作る工場への信頼性とか、遺伝子組み換え大豆を嫌がる部分での信頼性とか、日本製にこだわる意味はある。でも、その大豆が中国産かもしれないということは、スーパーの店頭では考えない。

同じ理由で人気があるのが、「ごはんですよ！」のような、ご飯の上にのせて食べる食品です。海苔を加工したものとか、シャケを加工したものとか、食べるラー油とか、種類がたくさんあって楽しい。中国の子供たちも大好きです。

でも、最大の理由は「日本のものなら添加物も少ないし、小さな子供に食べさせても安心だ」ということ。中国のママたちの悩みは深い。安心・安全面での日本メーカーへの信頼は、それぐらい強いということです。勝負できるポイントです。

## 人間として信用されている気がする

ウィーチャットを見ると、「日本に来ると、人間として信用されている感じがする」という書きこみが少なくありません。その部分に感激する。

たとえばホテルのチェックアウト。カギを返せば、それで終わり。「ご利用ありがとうございました」と頭を下げてくれる。中国だとこうはいきません。フロントに客を待たせ、スタッフが部屋までチェックにいく。備品が壊れていないか、盗まれたものはないか、細かく調べてからでないと解放してくれないのです。

日本のホテルで備えつけのグラスを割ってしまったとき、中国の感覚で怒られるかと身がまえたら、逆に「お怪我はありませんか？」と心配され、弁償すら求められなかった。日本人には当然かもしれませんが、中国人からすると衝撃的な体験なのです。だからＳＮＳで拡散して、多くの人に伝えようとする。

中国人は、日本人ほど無条件で相手を信用しない。だから、ほとんどのホテルでは、宿泊費の１・５～２倍のデポジットをとる。チェックイン時に身分証明書を提示するのは絶対ですし、この１～２年はさらにきびしくなって、フロント横の撮影コーナーで顔写真まで撮られることが増えた。日本では名前を伝えただけで部屋のカギを渡されるので、「どうして、ここまで私を信用してくれるの？」と逆にビックリするわけです。

中国のホテルでは、ドライヤーを借りるのでも、爪切りを借りるのでも、スマホの充電器を借りるのでも、ほとんどデポジットをとられます。日本のように「部屋番号だけ教えてください」という風にすすまない。日本の場合、部屋番号すら聞かないことも多い。お客さんが裏切ることはないと信じこんでいるのです。

日本では、人と人との信頼関係で、社会がまわっている。訪日外国人が何十年も前から驚き続けてきた「日本では、落とした財布が返ってくる！」というのも、同じことです。財布を落とした人は困っている。この困っている人を助けたら、いつか自分が困ったときも助けてもらえるだろうと、みんな思いこんでいる。

中国人が日本のことを指してよく使うキーワードは「信頼の国」なのです。

多くの訪日中国人が写真を撮って「さすが日本は信頼の国だ」と絶賛するのは、畑の前にとれたて野菜がならべてあって、横にお金を入れる箱が置いてある光景。誰も野菜を盗まない。代金を入れる箱だって、簡単にもっていけるのに、誰もそんなことをしない。農家の人は「盗む人なんて存在しない」と思いこんでいるし、消費者の側も「野菜をもらうからには、お金を入れるのが当然だ」と思いこんでいる。おたがいがそう思いこむことで、社会がまわ

北京のマンション集合体では、顔認証でゴミ捨てを管理する試験中。住民しかゴミ箱を開けられず、部外者は捨てられない。紙、プラスチック、生ゴミ、電子ゴミなど、７種類に分別して出す。個々人のマナーにまかせる日本とは違うやり方だ

っている。

## 「信頼の国」というブランドを生かせ

日本人は性善説で考えますが、中国人は性悪説で考えます。大きな国で人口も多く、本当にいろんな人がいるから、まずは相手を疑ってかかる。だから、デポジットをとられる側だって「そんなもんだろうな」としか考えない。

最近、芝麻信用のような個人信用スコアや、中国全土に設置された監視カメラについての報道が日本でも増えています。日本ではプライバシー侵害だという論調が主ですが、実は当の中国人は好意的に受け入れ

ている人のほうが多いのです。「こうでもしなければ、中国社会はまわっていかない。われわれには、ルールや罰則で社会を良くしていくしかないのだ」という思いが、根底にあるからです。

顔認証でプライバシーがなくなることより、それによって犯罪が減ったり、他人に迷惑をかける人が減ることのほうが大切だと考えている。優先順位の問題です。ゴミ捨てを顔認識で管理されても、それで街がきれいになるなら、そっちのほうがいい。

だから、日本に来て、罰則ではなくモラルやマナーで社会がまわっていることを見て、腰を抜かす。日本人は人をだまさないし、自分がだまされる事態も想定していない。そのことに大きなショックを受ける。「こういうやり方ができるのは、素養の高い日本人だからだ」という書きこみも、よく目にします。

実は、ここが日本の最大のウリになると、私は考えています。「信頼の国」ということがブランドになる。「日本人は絶対に人をだまさない」と信仰にちかいレベルで思われていること自体が、ものすごく強いブランドなのです。

日本メーカーは絶対に消費者をだまさない。そう確信しているから、スーパーで醤油や味噌を買ったり、ご飯の友を買ったりするわけです。値段が高かろうが、明治の牛乳を子供に飲ませるのも同じです。

それをどうビジネスに反映させるかはさまざまでしょうが、本書の内容にからめていうならば、「子供が口に入れるもの」に関しては、圧倒的な競争力があると思います。「子供向けのサプリメントを作るべきだ」というのも、そういうことなのです。日本人の作ったものであれば、子供に飲ませても安心だと中国人は考えている。

中国人は子供のためなら、いくらでもお金をつかう。戦略性をもってそこを攻めることが、日本のインバウンドのこれからの課題でしょう。ブランドはすでに確立されている。あとは、具体的なアイデアに落としこむだけなのです。

**袁 静** えん・せい

株式会社行楽ジャパン代表取締役社長。上海市生まれ。北京第二外国語大学卒業。早稲田大学アジア太平洋研究科修了後、日経BP社に入社し日本で10年間を過ごす。帰国後、中国人富裕層向けに日本の魅力を伝える雑誌『行楽』を創刊、15年行楽ジャパンを設立する。現在、上海と東京にオフィスを構え、中国での日本の観光PRに活躍する。著書に『日本人は知らない中国セレブ消費』。

日経プレミアシリーズ｜406

# 中《ちゅう》国《ごく》「草《そう》食《しょく》セレブ」はなぜ日《に》本《ほん》が好《す》きか

二〇一九年九月九日　一刷

著者　袁 静

発行者　金子 豊

発行所　日本経済新聞出版社
https://www.nikkeibook.com/
東京都千代田区大手町一―三―七　〒一〇〇―八〇六六
電話（〇三）三二七〇―〇二五一（代）

装幀　ベターデイズ

印刷・製本　凸版印刷株式会社

本書の無断複写複製（コピー）は、特定の場合を除き、著作者・出版社の権利侵害になります。

© Sei En, 2019

ISBN 978-4-532-26406-2　Printed in Japan

日経プレミアシリーズ365

# 日本人は知らない中国セレブ消費

袁 静

中国人の団体がいない所に行きたい――洗練された服装で、静かに旅する中国人訪日客が増えています。日本人と同等かそれ以上の収入がある彼ら「プチ富裕層」はどんな商品、サービスを求めているのか。寿司は白身魚よりサーモン、「お冷や」の提供はやめてほしい、旅館はもっと高くてかまわない……中国の新階層の消費のツボに迫ります。

日経プレミアシリーズ393

# 日本の「中国人」社会

中島 恵

日本の中に、「小さな中国社会」ができていた！ 住民の大半が中国人の団地、人気殺到の中華学校、あえて帰化しないビジネス上の理由、グルメ中国人に不評な人気中華料理店――。70万人時代に突入した日本に住む中国人の日常に潜入したルポルタージュ。

日経プレミアシリーズ356

# なぜ中国人は財布を持たないのか

中島 恵

爆買い、おカネ大好き、パクリ天国――。こんな「中国人」像はもはや恥ずかしい？ 街にはシェア自転車が走り、パワーブロガーが影響力をもつ中国社会は、私たちの想像を絶するスピードで大きな変貌を遂げている。次々と姿を変える中国を描いた衝撃のルポルタージュ。

日経プレミアシリーズ395

## 迷走する超大国アメリカ

小竹洋之

グローバル化やIT化の痛み、資本主義や民主主義のゆがみが米国をむしばみ、経済、人種、政治、世代の「4つの分断」が許容範囲を超えてしまった。低中所得層は高所得層に、白人層は非白人層に、被支配層は支配層に、若年層は高齢層に反感を抱き、社会の緊張がかつてないほど高まっている。超大国が迷い込んだ「負のスパイラル」を日経新聞前ワシントン支局長が解明。

日経プレミアシリーズ402

## 日韓の断層

峯岸 博

韓国大法院（最高裁判所）のいわゆる徴用工判決、自衛隊機へのレーダー照射問題、従軍慰安婦財団解散決定、韓国国会議長による謝罪要請発言——。国交正常化以降最悪期を迎えてしまった日韓関係。韓国は一体何を考えているのかを、日経新聞前ソウル支局長が解明する。

日経プレミアシリーズ345

## できるアメリカ人 11の「仕事の習慣」

岩瀬昌美

アメリカの「できる人」は、日本人が抱くイメージとこんなに違う！　気遣い・根回し上等、状況が変われば態度豹変、「できそうに見える」ことを重視する……。現地で長く働く女性起業家が、彼ら、彼女らの実像を豊富なエピソードから紹介。世界共通で成果を上げる人が実践する「頭の使い方、働き方」を探ります。

日経プレミアシリーズ 397

## 世界経済 チキンゲームの罠

滝田洋一

神経戦続く米中貿易摩擦、遠心力強まるEU、新たな冷戦と景気減速、投資資金巻き戻しで動揺するマーケット――。国際情勢は、当事者たちが振り上げた拳を下ろせない「チキンゲーム」の様相を呈している。日経編集委員・WBSキャスターが、複雑さを増す世界地図を描く。

日経プレミアシリーズ 387

## 歴史で読む中国の不可解

岡本隆司

南シナ海に平然と人工島を作り、沖縄の領有権を主張する――。常識からかけ離れた中国の不可解な行動だが、2000年の歴史をひもとけば無理なく説明できてしまう。反日、腐敗、権力闘争から民族問題、地下経済まで、隣国の奥底に潜む独自の論理を、歴史家の視点で解明する。

日経プレミアシリーズ 323

## 先生も知らない世界史

玉木俊明

「欧州大戦は3回もあった!?」「定住生活開始は世界史最大の謎」「イギリス人が紅茶を飲むようになった理由」――。「先生が知らない」知識が、世界史にはゴロゴロしています。本書は、ものしり教師も知らない新事実、新解釈がメガ盛りの、目からウロコのおもしろ世界史講座です。

日経プレミアシリーズ 355

## 先生も知らない経済の世界史

玉木俊明

アジアは先進地域でヨーロッパは後進地域だった！　日本で教えられている経済史の多くは「アジアは後進地域」というマルクスの考えに基づいていますが、真実は全く逆だったのです。本書は、世界では通用しなくなった経済の歴史のとらえ方をただし、最新の事実と最先端の考え方を解説します。

日経プレミアシリーズ 364

## 2030年　未来への選択

西川　潤

未来は占うものではなく、私たちがどのように関わり、何をどう選択するかによって決まる――。人口、食料、エネルギー、資源、成長率などの公的予測をもとに、世界ガバナンスのシナリオ、資本主義の変容、ポストグローバル化のゆくえまで、2030年の世界像を深掘りする。

日経プレミアシリーズ 388

## どうする地方創生

山崎史郎・小黒一正

いまだ「道半ば」の観もある地方創生。何が障壁になっているのか。事業の優先順位が絞れない、担うべき人材がいない、運営する組織が構築できない……。2020年から始まる第二期に向けて、どう課題を克服して、事業を展開していくのか。初代の地方創生総括官をはじめ、研究者、実務家、行政官などの有力識者が、成功事例の紹介もまじえ徹底討論する。

日経プレミアシリーズ401

## 少子化する世界

村上 芽

2100年までの世界の人口の推計データを眺めると、少子化は一部の国で急速に進み、平均寿命の伸びとともに世界に広がっていく。移民で出生率が上がったドイツ、「親になれない」フランスの若者、数よりも子育ての「質」が議論されるイギリス……。新たな課題に直面する欧州各国の動きを学び、日本が進む道を探る。

日経プレミアシリーズ405

## 東京のナゾ研究所

河尻 定

日本の首都はナゾだらけ。「台東区に男性が多く、港区に女性が多い理由」「23区のスタバ空白地帯とは?」「なぜビルヂングが消えていくのか」……。素朴な疑問を日々追う日経記者が、意外な真実を研究発表。「えっ、そんなことが!?」の連続、話のネタ満載。読めば街を歩く視線が、きっと変わります。

日経プレミアシリーズ396

## 限界都市 あなたの街が蝕まれる

日本経済新聞社 編

再開発で次々と建設されるタワマンやオフィスビル。一方で取り残される老朽団地や空き家・空き地の増加、進まぬコンパクトシティ化。誰も全体を把握できないまま日本列島で同時進行する「合成の誤謬」に、データ分析と現地取材でメスを入れる。